BOYI XINLIXUE DAQUAN

博弈心理学

大全

阳知行◎编著

中国商业出版社

图书在版编目（CIP）数据

博弈心理学大全／阳知行编著．—北京：中国商业出版社，2018.3

ISBN 978-7-5208-0354-0

Ⅰ.①博… Ⅱ.①阳… Ⅲ.①心理学—通俗读物 Ⅳ.①B84-49

中国版本图书馆 CIP 数据核字（2018）第 102904 号

责任编辑：武文胜

中国商业出版社出版发行

010-63180647　www.c-cbook.com

（100053　北京广安门内报国寺1号）

新华书店经销

三河市华润印刷有限公司

★　★　★　★　★

710×1000 毫米　1/16　14 印张　172 千字

2018 年 7 月第 1 版　2018 年 7 月第 1 次印刷

定价：39.80 元

★　★　★　★

（如有印刷质量问题可更换）

前言

博弈通常指的是，在一定条件下，遵守一定的规则，一个或几个拥有绝对理性思维的人或团队，从各自允许选择的行为或策略进行选择并加以实施，并从中取得相应结果或收益的过程。在博弈过程中，心理活动必然贯穿其中，所以说，任何一场以人为主角的博弈，同时也是心理的博弈和较量。

日常生活和工作过程中，我们面对各种各样的选择和决策。例如，工作中，如何处理好与上司的关系，如何平衡好同事间的关系，如何在竞争中脱颖而出；陌生环境中，如何引起陌生人的注意，如何抓住陌生人的心，如何把陌生人拉入自己的朋友圈；生活中，如何结交有益的朋友，如何对待熟悉的人，如何选择相伴一生的爱人；事业上，如何征服谈判对手，如何让对方心悦诚服地帮助你，如何以小博大获得成功。凡此种种，都离不开博弈。可见，人与人之间的较量，在很大程度上是心与心的博弈，充满着影响与被影响、说服与被说服、操纵与被操纵。要想在博弈中获得胜利或达到目的，我们只有站在博弈的制高点上，以客观、冷静的方式去分析和观察对手的心理活动，把握对手的心理动机，才能做到胸有成竹，克敌制胜，从而达到我们想要的结果。

可能有人会认为，这样做太累，其实这是一种偏见。一个人只要踏入社会，只要接触外界的信息，博弈就会发生，它就会左右我们的生活和人际关系。俗话说，"人生如棋"，我们每一个人都必须做一个棋手。每一个行为如同在一张看不见的棋盘上布下一枚棋子，草率的人随意而为之，其结果只能以失败而告终；精明慎重的人每走一步，都要经过反复考虑，这一思维过程，就是揣摩或牵制对方的过程，这样的人才能为自己赢得精彩。无论是被动还是主动，我们必须做自己的棋手。与其一败涂地，不如奋起博弈，赢下人生的这盘棋。博弈是智慧的较量，互为攻守但却又相互制约。

哲学家卢梭说："人生而自由，却无往不在枷锁之中。"但是"人们有时可以支配他们自己的命运。要是我们受制于人，那错处并不在我们的命运，而在我们自己"。我们的友好和善意容易成为他人操纵我们的切入点，那么我们也就无形中成为了他们的同谋。是的，从某种程度上来说，我们本身就参与了对自己的操纵。

是被别人操纵还是操纵别人？主导权在你手里。本书结合大量的博弈心理案例，详尽讲述博弈心理学在实际生活中的运用，从本质上提升每一个人的博弈能力，从而让你有效掌握各种反影响、反操纵的方式，让你摆脱他人的隐性操控，让你在人际交往、社会活动、商业谈判以及复杂情况下沉着应对，成为一位真正有能力、有信心、有勇气掌控全局的人。

目录

第一章 细心观察：从微表情微动作里捕捉心理信息

抓住微表情，一眼识破对方的内心 / 002

不同笑容的心理解码 / 004

眉毛传递的信息 / 007

眼皮跳动能折射出真实的心理特征 / 011

通过眼睛直击对方内心变化 / 014

鼻子所能告诉我们的事 / 017

下巴不同动作所表现出的性格表征 / 019

嘴巴的"动态表情" / 021

第二章　精准分析：找准人性的软肋和弱点

投其所好是博弈的最佳切入点 / 028

用赞美满足对方的心理需求 / 031

利用对方的"逆反心理",达到自己的目的 / 033

让别人有面子,为自己增机会 / 036

用希望激励他人 / 039

给犹豫不决的人来一剂"猛药" / 041

贪得无厌的人,满足他爱占便宜的心理 / 043

面对疑心重重的人,多给予其安全感 / 045

第三章　攻心为上:"落点"越正越有说服力

看清说服的对象,做到心里有数 / 050

他恐惧什么,就唤醒什么 / 052

善于打比方,你的话更能让人信服 / 055

将心比心,站在对方的立场上 / 058

情感比理智更重要 / 061

迂回说服,最终达到我们想要的目的 / 062

反复刺激对方的信服点 / 065

让对方变被动接受为主动反思 / 068

第四章　占据主动：让对方死心塌地顺从你

运用"登门槛效应"让对方为你效力 / 074

一件小事也能让你在对方心中分量倍增 / 077

让对方说"是"，你就掌握了主动权 / 079

出其不意让对方从心理上趋于被动 / 082

先发制人，才能获得主导权 / 085

巧妙利用路径依赖原理，让他人始终选择你 / 088

让自己看起来很强大，从气势上压倒他 / 090

引导他参与你的计划，让他主动为你所用 / 093

第五章　进退自如：多一步考虑成就柳暗花明

降低期望值，让对方更惊喜 / 100

微小让步也能换来大回报 / 103

帮助，只是因为感动 / 105

如果没有可乐，就给他一杯咖啡吧 / 108

给他激励，而不是警告 / 110

运用过度理由效应能助你实现心中所想 / 113

在对方心理放松时占据上风 / 115

第六章　转变思维：教你不动声色地反客为主

理性看待自己，不要活在他人的评价里 / 120

感情投资，必有回报 / 123

信任是获取支持的基础 / 126

不要被愤怒牵着鼻子走 / 129

保持清醒，克制自我 / 133

只有真心才能换来真心 / 136

微笑让别人不忍拒绝 / 138

让尴尬走开，交流才能正常进行 / 141

第七章　反向博弈：在不知不觉中干扰对方的心理

制造错觉，冲动比思考更容易控制 / 146

关键时刻伸出手，更能征服人心 / 149

告诉他"你一定行"，哪怕只是安慰 / 152

同情心会让对方卸下防备 / 155

被人排挤时，主动示好胜过针锋相对 / 158

心理误导，让对方以为自己占了便宜 / 160

藏起精明，让自己显得笨拙点儿 / 162

有小缺点比完美更可爱 / 164

第八章　和解之道：化敌为友是高明的应战策略

永远不要争论，谁都赢不了这场"战争" / 168

说软话，更有利于解决矛盾 / 171

逃避解决不了问题，修补关系要及时 / 174

凡事让人三分，有理要饶人 / 177

狭路相逢非要成为敌人吗 / 179

将"讨厌鬼"变成好朋友 / 183

适度贬低自己，能巧妙地捧高对方 / 186

第九章　柔中有刚：在周旋中打好博弈的太极

借力打力，轻松赢得博弈 / 192

让他人内疚吧，那是件好事 / 195

黑脸与白脸的妙处 / 197

学会包容和接纳不同的思想 / 200

温和比严厉更暖人心 / 202

迂回一下更能达到目标 / 204

轻松拒绝无理要求，只需这两招 / 206

糊涂一点儿又何妨 / 208

第一章
细心观察：从微表情微动作里捕捉心理信息

> 微表情微动作是一个人心理活动的真实反映，通常情况下不易捕捉到。在与人博弈的过程中，微表情微动作扮演着重要的角色，博弈高手之所以能达成所愿，主要原因在于他们善于观察对方的微表情微动作，从而做出正确的判断。

抓住微表情，一眼识破对方的内心

微表情不是看相，我们在对微表情进行解读的时候，是根据所有人都会有的一系列表情来对对方的心理做出判断，从而得出客观的结论。这是一整套的理论和系统。当人们与他人交往时，无论是否面对面，都会下意识地表达各自的情绪，与此同时也注视着对方的各种微表情，正是这种过程，使人们的社会交往变得复杂而又细腻深刻。

真正的博弈高手，能从微表情上一眼洞察别人的心理动机，春秋时期的淳于髡就是这样一位"高手"。

梁惠王雄心勃勃，广招天下高人名士。有人多次向梁惠王推荐淳于髡，因此，梁惠王连连召见他，每一次都屏退左右与他倾心密谈。但前两次淳于髡都沉默不语，弄得梁惠王很难堪。事后梁惠王责问推荐人："你说淳于髡有管仲、晏婴的才能，貌似不是这样，要不就是我在他眼里是一个不足与言的人。"

推荐人以此言问淳于髡，他笑笑回答道："确实如此，我也很想与梁惠王倾心交谈。但第一次，他脸上有驱驰之色，是想着驱驰奔跑一类的娱乐之事，所以我就没说话。第二次，我见他脸上有享乐之色，是想着声色一类的娱乐之事，所以我也就没有说话。"

那人将此话告诉梁惠王，梁惠王一回忆，果然如淳于髡所言，于是非常叹服淳于髡的识人之能。

面部微表情，读透了一个人内心的玄机，是博弈高手厚积一世而薄发一时的秘技，最经典的莫过于三国时诸葛亮和司马懿合唱的"空城计"了。

在城墙之上，诸葛亮焚香朝天，面色平静，他旁若无人地洞开城门，端坐在城墙之上，手挥五弦，目送归鸿。

一场千古罕见的双簧戏，由此拉开了帷幕。诸葛亮和司马懿，这对谋略上势均力敌的高手，一个在城墙之上，一个在城墙之下，对峙着。诸葛亮知道司马懿一眼能看穿他虚张声势的空架势，但诸葛亮更清楚司马家族和曹氏家族的冲突，倘若司马懿拿下了诸葛亮，三国鼎立之势不在，司马家族目前羽翼未丰，最后难逃兔死狗烹的下场，所以司马懿不会攻城。

精通军事的司马懿当然知道帮刘邦打天下的韩信的下场。诸葛亮的存在，让司马懿有了和曹氏家族周旋的机会，曹氏家族还必须倚重司马懿对付诸葛亮，而一旦诸葛亮失败，曹氏家族没了后顾之忧，安内是必然之举，那一刻，哪里还有司马家族的容身之地。所以，在微表情平静的背后，俩人心中都在波澜起伏，就是因为诸葛亮一生谨慎，心知司马懿不会下手，才敢下这招看似冒险的棋。当司马懿的儿子提醒说，诸葛亮在使诈，城中必无伏兵时，心知肚明的司马懿立即打断了他的话，以诸葛亮一生谨慎的话搪塞了过去。

不管是初入社会的新人，还是已经在社会上摸爬滚打多年的老人，都会有一个共同的感受，这个社会最难做好的不是事情本身，而是人。

人很难处，所以就有人说未做事先做人。如果做人你是成功的，那么做起事来也就会顺利得多。

一个人的美好前景是需要很多努力和付出的。比如说，电视电影演员，他们有很多长相好看的，而我们在实际生活中，身边也绝对不缺乏这样的人,美女也好,帅哥也罢,为什么这些人没有能走上这条成名的道路呢?

其实很简单,他们没有开始走这条路,没有在这条路上走下去。演员也有长相非常普通的人,但是一样可以有很好的成就。他们是通过自己辛苦的付出、勤劳的汗水换来的今天的成就。我们讲的微表情不是对任何人的未来进行臆测,而是对其心理反应做出科学的解读,旨在探明人的内心世界,而不是给我们的未来找到一个合理的解释和安慰。

想知道对方的真实想法,这是在和别人打交道的时候通常的心理,你这样想,对方也这样想。每个人都想通过自己的一些行为来达到影响对方的目的。如果真的能达到这个目的,那么在博弈时,就等于抓住了话语权、主导权。

但是这个影响是很难做到的。其根本原因就在于我们不能明确地知道对方在想什么,他真实的心理是什么样的,如果能知道这些内容,那么影响别人就会变得比较简单了。这时候观察和解读对方的微表情就显得很重要了,这也是我们理解别人真实意图的一个制高点。通过对这些问题的解读,我们可以获得一些真实的信息,看透对方,看明白事情,一方面可以击破别人的进攻,另一方面也能达到保护自己的目的。我们想要的生活是安全的、精彩的,这就是解读微表情的意义所在。

不同笑容的心理解码

一天,洛杉矶的一家银行发生了资金丢失的案件。相关人员立刻报警。警方接警后,马上派出探员进行调查。

银行的行长配合该探员对金库以及业务上的来往进行仔细排查，并没有发现可疑之处。问题究竟出在哪里呢？该探员经过一番思考，将目光盯到了银行的数据上，这时行长为探员提供了一条线索：半个月前，一位名叫克莱斯的电脑技术员，对银行的数据系统进行过一次升级与维护。

探员得知这个消息后，马上传唤克莱斯。问询过程中，克莱斯沉着冷静，对探员提出的问题一一做出回答，并坚称银行资金丢失与自己无关。探员从他身上没有得到任何有用的信息，只好相信他是无辜的，决定放他回去。就在克莱斯转身离开之际，嘴角边闪现出一丝冷笑，恰好被探员捕捉到了。于是，探员立即说服上司，对克莱斯进行了一次高强度的审讯。在强大的心理攻势下，克莱斯终于承认了自己是银行现金盗窃案罪犯的事实。

一丝不易察觉的冷笑就能成为一起现金盗窃案的破案线索，这种从笑容的背后窥视对方心理变化的技巧值得我们每一个人学习。

笑是最直观的，也是反映人们内心世界最重要的因素。由于人们的个性和所处的环境不同，人们表现出来的笑也会存在一定的不同。不同的微笑蕴含了丰富的内心世界的变化情况，通过这些可以更加直观地了解一个人，有利于我们在博弈中占据主动。

1. 抿嘴笑

这是一种常常出现在女人脸上的微笑方式，这种微笑的意思更多地表示女士们想要表达拒绝，却又在其中透露出了羞涩、含蓄、调皮。那些笑起来抿着嘴的人总喜欢掩饰一些内心的想法，因为他们内心的真实想法可能与之前所说的话有一定的差异。露出这种笑容的人大脑中正在进行着激烈的思考，或者此时内心非常忐忑。一般来说，抿嘴笑的人最直接的表达就是一种潜在的拒绝。

因此，我们在遇到抿嘴笑的人时，一定要提高警惕，通过他们的言谈举止来判断他们所说的话的准确性，千万不要被他们模棱两可的话语欺骗了，更不要指望能够直接从他们的嘴里得到有价值的信息。比如当一个人称赞某一个人或某一件事情的时候，如果当他说完话以后开始抿着嘴微笑，那么他们内心深处的真实想法可能与之前他所说的话存在一定的差异。

2. 皮笑肉不笑

通常来说，那些经常皮笑肉不笑的人总喜欢阿谀奉承，他们对待比自己强的人总显得特别卑微，而对待比自己弱的人总是一副趾高气扬的样子。

皮笑肉不笑也被称为是阴阳笑的微笑方式：一张脸上会出现两种不同的表情，一方面这个人会把微笑留给别人，他们笑得非常灿烂；而另一方面又会出现紧皱眉头的情况，好像阴冷的冬天一样。这样的人在与人交往的过程中会表现得非常狡猾，他们总是善于观察别人的一举一动，总是会根据别人的内心变化来控制别人。

很多人在与这些皮笑肉不笑的人打交道的过程中，总是吃亏或受到伤害，因为脸上时常露出那种笑容的人，往往都是心术不正的。为此，一定要警惕皮笑肉不笑的人，他们的笑容中很有可能隐藏着不良企图。

3. 无声的微笑

有很多内向和孤僻的人，他们在笑的时候不发出任何声音。他们的胆子一般都很小，感情也十分脆弱，经常会因外界环境的因素而改变自己的内心想法。更为重要的是，这类人非常单纯，常常保有一些天真的想法，他们总是认为社会就是一个现实版的童话世界，人与人之间只有爱，没有恶意，而且他们会固执地坚持自己的这种想法。

4. 自嘲的笑

在城市生活的人们常常有这样的经历，当你去赶一辆公交或火车时，本以为自己一定能掐准时间赶上，然而到了车站才发现车已经开动，你只能眼睁睁地看着它扬长而去，此时我们只能摇摇头，自嘲地笑笑。这时的笑只是一种有感而发的表情，是一种对内心情绪的掩饰，也是一种摆脱尴尬的技巧。这种笑往往都很短，不会在脸上停留太久。

博弈过程中，在处境尴尬时，用自嘲来对付窘境，不仅能很容易找到台阶下，而且多会产生幽默的效果。所以很多人遇到尴尬处境时，都是通过自我嘲笑来摆脱尴尬，这是一种十分高明的脱身方法。

眉毛传递的信息

有这么一个笑话：

一天，人面部的五官吵了起来，为的就是想要争论出谁是五官中最重要的器官，谁才是五官中的老大。于是，每个器官都自吹自擂地讲起了自己的伟大。

眼睛说："我是主人必不可少的，因为我负责视觉，让他看到这个世界。如果没有我，主人的世界将是一片黑暗，太可怕了。"

耳朵说："我负责听觉，我能够让主人聆听这个世界的美好声音。如果没有我，美妙的音乐听不到，感受不到快乐，并且若走在路上，身后的汽车向他鸣笛他都听不到，那多危险呀！"

鼻子说："我能够让主人过得更幸福，让他闻到这个世界上的美好味道。一个失去嗅觉的人生，是不完整的人生。"

嘴巴说:"要说,我是最重要的,没有我,主人就没办法说话,有话难言,多难受啊!我还负责味觉,负责主人饮食饱腹的生计大事。"

讲完之后,大家都不约而同地将目光转移到了眉毛上,等着它为自己正名。

然而,眉毛涨红了脸显得十分不好意思地说:"我是为了漂亮而存在的,人没有眉毛岂不是很难看……"

"哈哈哈……"其他四官笑了起来,说道,"如果说人必须从五官中选择抛弃一个,你认为从重要的角度出发,人会选择抛弃谁?好吧,我们可能评选不出来最重要的那个,但最不重要的那个却很好评选,那就是眉毛你,没有实际作用,有没有都一样!"

的确,我们也好奇造物者的用意,眉毛在五官中究竟是怎样的一个存在?它不像眼睛、耳朵、鼻子、嘴巴那样负责人的视觉、听觉、嗅觉、味觉,却与之共同存在于人的面部。

眉毛间所附的肌肉组织以及肌肉纹路(皱纹)的变化等,都可以向外表达出丰富的情感变化。比如眉毛渐变为"眉头压低、眉梢上扬"的柳眉,则表示愤怒了;"横眉冷对"则表示挑战、挑衅、敌对等情愫;"挤眉并附带着弄眼",则表示在示好、戏谑、诱惑等;"眉毛上扬同时深呼一口气"便是我们常说的扬眉吐气,这往往表示有压力得到有效排解或暂时排解,或是某种事物、某种发泄让他感到十分畅快……

这可能就是人们通常所说的"以眉传情"。那么,眉毛究竟传递出哪些心理信息呢?

1. 眉毛"上扬"

眉毛在上扬的同时会略微外开,两眉之间的肌肉以及眉毛与眼睛之间的眼皮会得以伸展,原有的细纹也会被拉平,而眉毛以上的额头部位的皮肤则会呈现出因眉毛上扬而引起的皮肤挤紧,两眉同时上扬时则呈现出水平式的长长的皱纹。

当你发现某人在谈话中两个眉毛由平静渐渐地转变为同时上扬之势，那则表示眉毛在告诉你，它的主人此时正处于极度惊讶或是十分欣喜的状态。如果对方在双眉上扬的同时再深呼一口气，便更是表达了心中的畅快与如释重负的感觉。

如果你发现对方眉毛呈现出"单眉上扬"，则说明他对于聆听对象所说的话、所阐述的观点或是所做的事情表示出极度的不理解，心中有疑惑。

2. 眉毛"微皱"

皱眉其实是人表情中最为常见的，因为它有着很多本能性的反应，尤其是在人体感觉到被侵犯、危险或是强烈刺激时，眉毛便会瞬间随着人的心理感受做出反应。举个最简单的例子：当人在遇到强烈光亮照射时，眉毛便会很快皱起来以保护眼睛；当有拳头向人的脸部或是眼睛挥来时，人也会本能性地紧闭眼睛，同时眉毛紧紧地纠在一起。这便是一种极为典型的心理受惊、自我保护反应。

当然，并不是所有的皱眉都表示心理受惊与自我保护。

比如，当你在与人沟通的过程中，在你滔滔不绝时对方很少言语甚至是不说话，始终沉默，但同时也眉头紧锁。这往往说明对方在思考。有这几种可能：一是他暂时不发表意见，而是在认真思考自己接下来的对策；二是他根本没有在听你讲话，思维神游到了其他领域、其他事情上面；三是他十分认真在听你讲话，但遇到了难题，觉得不认同，有疑问，在没有直接询问你之前，他在"自我解答"的过程中。具体属于哪一种，可以结合其他面部表情做出综合的判断。

如果在你滔滔不绝的过程中，对方始终平静，眉毛也处于自然平静的状态，但在某个瞬间眉毛却轻轻地皱了一下，然而很快又恢复了平静。这说明对方很可能是个情商高手，喜怒不形于色，即便对你的话有反应也在刻意地控制。这种人可能常常摸爬滚打于商场，经常出入谈判场合，谈判时关乎个人利益或者是公司生计，所以谈判的高手段之一就是不表现出过多的微表情、微反应，从而出卖自己的内心，久而久之，在生活交往中便也形成了这种习惯。

所以，在某个瞬间他未能忍住，皱眉一闪而过，可能是不经意的本能反应，连其本人也未能察觉到。这种跳动反应表示你的话引起了他的情绪跳动，他对你当时所阐述的话语、观点是有反应的。

3. 眉毛呈现"一升一降"

就好像人在耸肩时的动作一样，一升一降，眉毛在上扬时会有短暂的停留。

当你在与人交谈时发现对方的眉毛突然一升一降，如果这一动作发生在"你讲他聆听"的状态，这表示对方在你的言论中听到了令他惊奇的东西，如果这一动作发生在"他讲你聆听"的状态，那表示对方讲到了重要之处，扬眉是一种用来强调话语的小动作。

4. 眉毛呈现"一边上扬，一边下降"

这种情况多发生在男性身上，当对方表现出"一边上扬，一边下降"这种介于扬眉与皱眉之间的表情，整个面部表情会看似一半激荡一半恐惧，此时上扬而起的那半边眉毛就好像是提出了一个问号，这便反映了对方的真实心理——怀疑。

5. 眉毛呈现"快速上扬闪动"

相对于"一升一降"在升起之后做短暂的停留，这一动作的不同之处便是快速地闪动。

在很多人看来，这似乎很明显是一种"挑逗"的信号，其实这并不完全对。的确，在某种情境中，如果一个陌生男人对你如此闪眉，在毫无情感基础的情况下,自然挑逗的概率大些。但如果是相互认识,尤其是许久不见的老朋友见了面,双方甚至相互做出这样的动作,反而是一种欣喜的信号。另外,即便是陌生人,如果是在欢迎仪式、接待等场合做出这样的动作,便不能定义为挑逗,而是一种欢迎、友好的行为。

如果你在较长时间的谈话中发现对方喜欢时不时地快速闪动眉毛,那么不妨继续寻找一下规律,这样也许你会发现对方喜欢在到某些自认为重要的话与词时做出这一动作,用来加强语气。

眼皮跳动能折射出真实的心理特征

眼皮的动作并不比其他部位少,比如眨眼就是人们的眼部经常做的动作,仅仅这样一个常见的动作,就代表了很多含义。通常,眨眼可分为两种:一种是有意识眨眼;另一种则是无意识眨眼。有意识地眨眼非常明显,是受到大脑指示而做出的动作,而无意识地眨眼,则是在不知不觉中完成的。在正常情况下,人们的心情处于一种放松状态时,眼皮每分钟会眨动6~8次,而眼皮张开闭合的时间却只有0.1秒。这种间隔时间通常是比较正常的频率,而一旦这种频率被打破,那么就说明对方的心理出现了起伏,开始不正常了。所谓的非正常心理状态,则是指人们心情的变化,比如紧张、慌张、愉快等,这个时候眼皮跳动的频率就会发生明显的变化。

一天,休斯顿的一家旅馆发生了一起恶性的纵火事件,有一百多人在火灾中丧生,所以引起了FBI警部的高度重视。很快,一名旅馆的保安人员,成为FBI探员的怀疑对象,因为最先起火的地方,正是这名保安人员负责的范围。

于是，FBI探员对这名保安进行了详细的询问，以确定他当时是否在案发现场。

FBI探员问："着火前的时间，你在哪里？"

保安说："当时，我因为肚子不舒服，去了洗手间。"

FBI探员接着问道："有人证明你当时在洗手间吗？"

保安想了想说："抱歉，大概没有，因为我进去的时候，没有看到熟人。"

FBI探员直接发问："你是否参与了纵火？"

保安瞬间睁大眼睛，说："怎么可能，我是不会做出这种事情的。"

FBI探员再次提问："那么，起火时你在何处？"

保安说："我，我当时在洗手间洗手，听到外面的惊呼声，就立刻跑出来了。"

虽然保安在回答的过程中，表情上并没有什么变化，但是细心的FBI探员还是发现他在回答"案发时在哪里"的问题时，眨眼的频率快了一些，而在被问到其他问题时，则没有任何变化。这让负责审问的探员立刻明白，这名保安说谎了。最终，在FBI强大的压力之下，保安不得不承认，自己在案发时，离开岗位许久，并不是如他所说，用了一点儿时间去了洗手间，而是同旅馆中的女友在房间里待了一个多小时。不幸的是，在他离开的这段时间里，两名纵火犯乘虚而入，从而引发了这一悲惨的结果。而因为怕承担失职的责任，所以这名保安才说了谎。

在这场博弈的过程中，FBI探员没有放过这名保安的任何动作，并且在观察到保安面对一些敏感问题时眼皮的特殊跳动信号，让探员明白应该乘胜追击。虽然保安的做法并没有造成直接的犯罪，但是却要承担擅离职守的惩罚。FBI经过研究发现，眼皮跳动的频繁，除了是因为说谎而产生之外，人们在受到威胁时，眼皮也会频繁地眨动。比如，当FBI以恐吓的手段对待顽固的嫌疑人时，也能从他们的眼部看到此类动作。在这种情况下，通常眼皮眨动的间隔会拉长，而这种动作也是人们下意识的肢体反应。

在日常生活中，你也可以跟随眼皮的变化分析别人的心理态度。比如，与人博弈中，当你说话的时候，对方做出了频繁眨眼皮的动作，这说明他根本不想和你继续交谈下去，所以他的眼皮闭合的时间通常会持续三秒，甚至更久，仿佛是在说"赶紧从我的眼前消失"。如果对方的眼皮放低，后脑朝下，下颚轻微抬起，眼帘呈半打开的姿势凝视你，这表明对方持藐视的心理状态。此外，当一个人感觉到自己不被重视时，也是会做出眼皮半打开这一眼部动作的。总之，在看到对方做出此类姿势时，要根据事情的实际情况进行分析。

人际交往中，如果对方眼皮跳动的频率变得拖沓，则说明你所说的内容不够精彩，无法吸引对方的注意力和引发对方的兴趣。如果你认为，别人这样是对你的不尊重，那么你可以给予相应的回应，或将谈话刻意地停顿一下，和对方的眼神做一个交汇，而对方就会明白，你希望他打起精神来听你说话。需要注意的是，女性眼皮的眨动是和男性不同的。比如，在现实生活中，常常会出现这样的情况：在一些场合，一个女性在与男性擦肩而过的时候，微笑着对男性眨了眨眼睛，或抬了抬眼皮。这样的女性通常比较自信，并且她们相信自身的魅力，而这种做法也是为了向异性展示自身的魅力。

与充满自信的女性相比，男性如果频繁向异性眨动眼皮，那么他在潜意识中已把自己当成了帅哥，对自己的容貌或身份背景非常满意，相信自己十分有魅力，能打动女性。因此，即使男性没有"帅气"的外在形象，而他敢于在他人面前如此展现自己，再加上眼部的举动产生的影响力和感染力，也能让自己获得更多人缘，博得一些女性的青睐。此外，无论是男性还是女性，喜欢向别人眨眼、挑眉的人，性格通常都比较前卫、自信、追逐潮流和时尚，喜欢受到众星捧月般的对待，成为人群中的焦点人物。

通过眼睛直击对方内心变化

读懂人的心理活动，只需把心静下来，仔细地观察他人的眼睛，包括动态、神韵等，你会发现，每一双眼睛反映着一个人内心的情感与思想。所以，将眼睛比喻为"心灵的窗户"，不但是一种文艺范儿的称呼，同时也极具科学性。

古希腊神话中，女妖美杜莎的眼神具有特异功能，她只要向别人看一眼，对方马上会变成石头。这充分说明了眼神的威力。在博弈中，如果忽略他人的眼睛，就无法了解对方的心理变化。

三国时期的诸葛亮就是一位通过眼睛识破对方心理活动的高手。

有一次，曹操派一位刺客去刺杀刘备，想借此解决掉自己的心头之患。刺客见到刘备后，没有机会下手，便和刘备讨论如何削弱曹操的策略，希望借此赢得刘备的信任。两人正说着，诸葛亮推门而入，刺客心虚，借故上厕所。对方离开后，刘备对诸葛亮说："这位奇士非同一般，可以帮助我们攻打曹操。"

诸葛亮却不这样认为，他叹了一口气，说："主公的看法，与我恰恰相反。"

刘备一愣，问道："先生何出此言？"

诸葛亮说:"刚才我观察了这个人,发现他神情畏惧,和我四目相对时,视线飘浮不定,说明他内心藏有奸邪,他应该是个刺客。"

刘备一听,既惊讶又不相信,马上命人去厕所找那位奇士。让刘备想不到的是,刺客早已翻墙而逃。

在瞬息之间,透过眼神的变化,看出一个人心理活动的目的和动机,固然需要先天的智慧,但更多的是靠后天的努力,因为这种智慧是在环境中磨炼和培养出来的。诸葛亮能够看透此人,主要是从他的眼神闪烁不定中发现破绽的。

一个人的眼睛往往能真实地反映他的灵魂,博弈中一定要会看对方的眼睛,从眼神的无意变化中窥探出其内在的心理变化。

如果说看人先看眼,那么,人的一生中会遇到各种各样不尽相同的眼睛,每双眼睛也都有着不同的内容,比如思维、想法、心性。那么,眼睛到底透露出哪些信息呢?

1. 眼神偏离

如果你和一个人谈话,他的眼神一直不在你身上,说明这个人对你说话的内容可能一点儿都不感兴趣,或者是对你没有什么好感,也有可能是在想自己的心事,你们之间的谈话,他根本就没有留意。需要注意的是,如果你是上司,下属和你谈话的时候,一般是不大可能一直盯着你的眼睛的,因为下属在和自己上司谈话时一般会流露出害怕、担忧、羞怯,或者是自卑的眼神。

2. 眼睛盯着你和瞪着你

如果你和对方谈话时,他一直盯着你看,瞪着你,而且还时不时地说一些比较消极的话,比如说"唉,没有什么办法了,就这样了"等,这说明他很可能之前说谎了,现在是故作镇定,因为他担心自己的谎言很快就会被揭穿。

3. 眼神灰暗的表情信号

如果对方的眼神比较灰暗,传达出来的就是消极的信号,比如你们的合作他很不看好。如果眼神积极、明亮,就是积极的信号,他对彼此的合作是很有信心的,也很愿意和你合作。

4. 目光躲闪的表情信号

如果一个人的目光总是躲闪,说明他缺乏足够的自信心,怀有自卑感,性情懦弱。

但如果是一对恋人,那么躲闪的目光则有另一种含义,表明他(她)由于倾心于对方而感到紧张或羞怯。我国著名作家巴金在他的《旅途随笔·一个车夫》中写道:"我借着灯光看小孩的脸,出乎我意料,那完全是一张平凡的脸,圆圆的,没有一点儿特征。但是当我的眼光无意地触到他的眼光时,我就禁不住大吃一惊了。这世界里存在着的一切在他的眼里都是不存在的。在那一对眼睛里我找不出一点儿承认任何权威的表示。我从没有见过这么骄傲,这么倔强,这么坚定的眼光。"巴金以作家特有的观察力,在无意中躲开了对方的目光,但是又在无意识中触到了对方的眼光,这个事例说明,躲闪的目光实际上是躲而不闪,躲中有闪,闪中有情,闪中更有新意。

5. 目光斜视

对于目光斜视,一般有两种情况:一种是中国古人所云,眸子不正则心术歪也;另一种情况是指并不相识,或不大熟悉的人之间的一种情况。

在中国古典文学名著"三言""二拍"的《醒世恒言·两县令竞义婚孤女》一文中,有这样一句话:"眼孔浅时无在量,心田偏处有奸谋。"心田之偏,藏于脏腑,何以知之呢?在古人看来,两眼歪斜,心术不正。在作家的笔下,对眼睛的描绘,就更为生动了。美国著名作家杰克·伦敦在作品《一块牛排》中出色地描述过这样的一个人："他简直像个野兽，而最像野兽的部分就是他那双眼睛。这双眼睛看上去昏昏欲睡，跟狮子的一样——那是一双准备战斗的眼睛。"俄国作家屠格涅夫在《春潮》中也描述过一双强者的眼睛："那双亮得几乎变白的大眼睛现出冷酷的迟钝和胜利的满足的神色。只有鹞鹰用爪撕裂一只落在它爪子中的鸟儿时，才会有这样的眼神。"

6. 为什么眼睛上扬

有些人有时说话眼睛喜欢上扬，这往往是一种假装无辜的表现。如果某个人的眼睛往上吊，那么可能他心里有很多不可告人的秘密，害怕被别人知道，而且这类人喜欢夸大事实；如果眼睛下垂，就表示他有轻蔑的意思，偶尔也传达出对对方的不关心。本质上这类人是自私的，很任性。

综上所述，通过眼睛微表情的分析，我们可以归纳得知：正眼视人，显得坦诚；躲避视线，显得心虚；乜斜着眼，显得轻佻。另外，眼睛的瞳孔可以反映人的心理变化：当人看到有趣的或者心中喜爱的东西时，瞳孔就会扩大；而看到不喜欢的或者厌恶的东西时，瞳孔就会缩小。目光可以委婉、含蓄、丰富地表达爱抚或推却、允诺或拒绝、央求或强制、询问或回答、谴责或赞许、讥讽或同情、企盼或焦虑、厌恶或亲昵等复杂的思想和愿望。

鼻子所能告诉我们的事

在人的面部五官中，眼睛很灵活，嘴巴很灵巧，而鼻子呢？相比之下，除了耳朵之外，鼻子的表情是最少的。鼻子，长在面部的中间位置，是面部的制高点。鼻子有两个鼻孔，鼻孔中还有许多鼻毛，不仅守卫着人体的呼吸道（鼻毛阻止灰尘的入侵，保证气管和肺部清洁），而且能对吸入的冷空气加温，以减轻冷空气对气管的刺激。

除此之外，鼻子还能表情达意。大家肯定会问：鼻子既不像眼睛那样能够灵活转动，也不像嘴巴那样能言善辩，怎么可能会表情达意呢？的确，一般来说，鼻子除了一张一翕和蹙起来之外，很少能够主动做出动作，而只能被动地被手捏来捏去，或者摸一摸。虽然鼻子所传递的信息远远不如眼睛和嘴巴丰富，但即使这样，鼻子也能给我们提供很多的身体语言信息，是面部表情中不可忽视的。有的时候，鼻子做出的微表情也能够泄露一个人的内心世界。

有位研究身体语言的学者，为了弄清这个"鼻子"的"语言"问题，曾做过一次调查，他选择的地点是机场和码头这些人流较大的地方，观察了一个星期后，得出了这样一个结论：人的鼻子是会动的。因此，可以说鼻子是有身体语言的器官。该学者说，在进行观察的时候，发现人们的鼻子在闻到一些异味或者香味时会有明显的张缩动作，甚至在严重的情况下还会微微地颤动，接下来往往就出现"打喷嚏"现象。他认为，这些"动作"，都是在发射信息。

因此，如果我们也能读懂鼻子部位的"语言"，那么就能够更深入地了解他人的内心。我们不妨从对方鼻子细微的"语言"中，试着"看"透对方的心理。

为了便于大家识记，总结如下：

（1）皱鼻子：表示厌恶。

（2）歪鼻子：表示不信任。

（3）鼻孔一张一翕：表示愤怒。

（4）抖动鼻子：表示紧张。

（5）哼鼻子：表示排斥和蔑视。

（6）抽动鼻子：表示在闻气味。

（7）捏鼻梁：极度疲劳或者思考难题的时候，人们习惯用手捏鼻梁。

（8）挖鼻孔：这是一个不雅的动作，很多人在公共场合会控制自己不做出这样的举动，不过，仍然有一些人在遇到挫折或者特别无聊的时候，用手指挖鼻孔。

（9）揉鼻子：表示说话的人有可能在编造谎言。

另外，当人们在紧张的时候，鼻子便会出汗，这是为什么呢？因为人们在压力和紧张之下，身体便会因为荷尔蒙的关系而存储热量，接下来，这些热量会相继被传送给身体的其他部位，比如大脑和四肢，这时体温便会升高。然而，人的体温只有在正常的温度下才能进行正常的运转，于是这些体温便通过汗液的方法排出体外，从而排解紧张情绪。由于汗腺所在部位不同，其对于感觉和心理刺激及对于热的刺激的反应也有所不同。在紧张和压力下，神经一般会因为大脑皮质原因最先被传达到鼻子上，从而导致鼻子上小汗腺的分泌排泄活动在短期内迅速增强，使鼻子上汗液增多。

下巴不同动作所表现出的性格表征

下巴是一个人的五官极为明显的一个部位。这个地方能很明显地表现一个人的性格特征。下巴的一些微小动作也能体现不同的心理反应。一个极细微的动作就能将内心世界暴露无遗。

不同的下巴动作表达了不同的意思，不同的下巴类型也代表了不同的性格，可能也代表了完全不同的人生道路。我们在日常生活中可能会看到一些人，乍一看上去可能连下巴好像都没有，而有些人的下巴就很明显，外张，轮廓分明。不同的下巴就代表了不同的性格。

1. 下巴上扬

这是一种骄傲的姿态，自大，好像是没有将别人放在眼里。如果是很突出的情况，程度很大，即下巴抬得很高，这个时候颐指气使的感觉就很明显，会给人留下很不好的印象。这是一种很明显的具有相当优越感的表现。

如果你在与人交谈的过程中，对方的下巴有微微抬起的状态，就说明对方对你的看法已经改变，可能是因为你的某个动作、某个话题、某个观点，让对方对你产生了轻蔑的态度。还有一种可能，就是他一直是如此自恃清高，或者对你的观点一直是蔑视的，但是不愿表露出来，一直揣着，只是不经意间下巴做出来的细微表情出卖了他。

一般来讲，上扬或者是叫作突出下巴的动作多是外张性的意思，就是带有一定的攻击性。可能自己当时的内心并不一定就是那样想的，不过潜意识里可能已经有了这样的思想。下巴抬高的时候，人的心理状况是扬扬自得的，有优越感，自我感觉良好，而且此时，可能是他的自尊心在起作用。人在碰到伤害自己自尊心的情况下，会不自觉地将下巴抬高，以示警告。这个动作就有点儿类似一些动物，它们给对手警告的方式就是抬高自己的下巴，露出可怕的牙齿。抬高下巴的时候，人的理智一般是不占据主导地位的，感情色彩会比较明显，这个时候会很容易将别人的成绩一笔抹杀。

2. 下巴收缩

如果对方下巴微缩，这个时候往往表示他对自己极为不自信，所以显得底气不足，没有精气神。

如果是下巴缩起来，这个时候人是很理智的，不会太感情用事。这也代表了他正在思考一个问题。如果经常性地将自己的下巴缩起来，而不是抬着下巴，这样的人一般比较谨慎。他们的性格比较内向，不容易让别人走进自己的内心世界，给人一种拒人于千里之外的感觉，同时疑心病很重。

3. 抚摸自己的下巴

有些人在某些时候，喜欢用手抚摸自己的下巴。多数情况下是在一些比较尴尬、不安、孤独或者是极度缺乏自信的时候才会有这个动作。这是对自己的一种安慰，也是一种自我亲密的表现。想掩饰自己内心的尴尬，同时也是为了缓解自己紧张的情绪。

但这种微表情的特征也不是绝对的，在不同的情况下，这个动作出现的意义也不尽相同。它代表的不仅仅是不安或者是尴尬，比方说在一个自己十分得意的场合，也可能会用手抚摸自己的下巴，这个动作的意思就是自己具有优越感，心里很得意。

下巴是五官中最明显的一个性格特征，也是最能表明一个人性格底色的标志，下巴蕴藏着丰富的信息。只要用心去揣摩，就不难发现其中的奥秘。

嘴巴的"动态表情"

在美国的一所研究院内，有两个研究员就人的嘴巴做了这样一个研究：

他们通过研究著名的"蒙娜丽莎"画像，发现嘴巴能够表达喜悦和悲哀，而眼睛却不能反映真正的表情，只能反映情绪的紧张程度。第一步，他们在数码化的画像上增加干扰图案，这样，画像看上去就像一幅模糊不清的电视画面。第二步，为了要达到测试的效果，他们继续改变干扰图案。然而，改变的部分只是画像的一半：要么是上半部分，要么是下半部分，这样做有利于他们看出改变人物心情的到底是眼睛还是嘴。

最终的结果很明显，最能体现蒙娜丽莎情绪变化的是她的嘴而不是眼睛。为了验证试验的准确性，两个研究员还使用其他女性的照片进行了相同的测试，结论完全一样。

通过这个试验，尽管我们无法否定眼睛的表情达意功能，但是最起码证实了嘴巴的动态也具有非常重要的表达功能。

嘴巴的动态有很多种，如果能够细致地观察对方嘴巴的动态，就可以洞察对方的内心世界，使博弈变得更加有利于自己。

玲玲在一家广告公司工作已经三年有余，担任的是经理秘书这一职务，拿的却还是三年前的工资，为此，她很想跟老板提一提加薪的事，毕竟，公司里比她来得晚的新职员都加薪了。然而，怎样才能找到合适的时机呢？作为老板，当然不会喜怒形于色，因此职员很难判断老板的心情如何。不过，玲玲平时对心理学书籍比较感兴趣，曾在一本书里看到，可以通过一个人说话时嘴巴的动态来了解对方的心情。就这样，玲玲整整观察了十几天，突然有一天，她发现老板看起来与往日不同，他的嘴角微微上翘，虽然几乎不易觉察，但还是被玲玲捕捉到了，由此，玲玲断定老板的心情很好。所以，处理完手头的工作后，玲玲来到了老板的办公室，以即将结婚为由，委婉地提出了加薪的请求。果不其然，老板的心情真的很好，他不仅痛痛快快地承诺从本月起给玲玲加薪

20%，还说等玲玲结婚时一定要通知他。就这样，仅凭着一丝不易觉察的微笑，玲玲顺利地实现了自己的心愿。

由此可见，与人博弈的过程中，可以通过观察对方的嘴巴动态来了解对方的心理活动，从而掌握主动权。那么，从嘴巴的动态上到底能看出什么呢？

1. 嘴唇颤抖

如果细心观察就会发现，当你在和一个人讲话时，他的嘴巴会显现出轻微的抽搐、颤抖。这说明了什么呢？

这往往说明这个人的情绪开始变得激荡，说明了他对你所讲的话，或者是你们所讲述、讨论的话题心有所动，并且反应较大。此唇部表情往往体现了这个人情绪上呈恐惧、慌张或是难以抑制的气愤。

尤其是在"试探性谈话"中，当对方听到你的试探性语言后表现出嘴唇微颤，则可以表明，对方有所动容，从而可以有一个接近事实的判断依据，比如对方是知情的。

2. 嘴巴一角上扬

当你在阐述某一观点或是想法、看法时，如果对方的嘴部表情呈现为一边嘴角上扬，则说明对方对你的观点、想法、看法持不屑态度，或者说是对你的表述显得有些不耐烦。

就算对方表面上点头，或是口头上做出模棱两可的回答，或是不表态，不说赞同，也不说反对，那么，从嘴唇表情便可以窥探出对方的真正想法：他是有异议的，或者起码他是不赞同的。

这样，在交际或是商务谈判中，若掌控了对方心里的想法，便可以及时地对自己的谈话方式、策略等进行调整。不然，预想的沟通效果可能不会轻松达到。

3. 双唇紧闭，同时两边嘴角上扬

表面看，这似乎是微笑的表情，其实，并非如此。

真正的微笑是两边嘴角上扬的同时，双唇自然分开，肌肉呈松弛状态，而非僵硬、死板的紧闭状态。

因此，当你在与人沟通的过程中，如果发现对方在聆听时表现出双唇紧闭同时两边嘴角上扬，那表明对方是在应付。表面上可能是出于礼仪，但他心里已经在思考着相关的事情，或者是别的事情。

出现这个表情，对方的心里往往希望对话或者是正在进行的话题能够尽快结束。所以，这个时候如果能够抓住对方的微妙唇部表情，揣摩对方真实的想法，那么不妨暂时停下表述，征询一下对方的意见，或者是转换个话题，缓解一下气氛。

4. 嘴唇绷得紧紧

如果你看到一个人的嘴唇绷得紧紧的，有可能他是在担心自己受到欺骗。他希望通过嘴部周围肌肉的收缩来达到抵御外来干涉的目的。当然他是无意识的。这个动作不是自己想做的，而是一种自发的反应。所以他们的上嘴唇有时候绷得紧紧的，就是希望不受到自己的感情影响，或者是不受到他人的感情影响。

如果一个人的嘴唇经常性地处于绷紧状态，就说明他的嘴唇天生就是绷紧的。上唇不仅仅是绷紧，一般还会有卷曲的情况。我们在观看《动物世界》的时候，有时候会看到一些动物在准备战斗之前，都要露出自己的上齿，这就是一种战斗和对抗的信号。

5. 总是抿嘴

如果看到一个人时不时地抿嘴，这也是一种不友好的信号。它代表着攻击和不耐烦。一个人的嘴唇发白，表示他内心恐惧，没有活力，或者是内心很残忍。如果一个人的嘴唇紧闭，且不是很用力地在闭着，而

是很自然地闭拢，说明此时他的内心是很安静、很自然的。

6. 嘴巴张开呈呆滞状态

如果是半开或者是全开的状态，表达的是疑问的意思，也可能是感到非常吃惊，甚至是很害怕。嘴角上扬，就是比较礼貌，比较开心，是一种善意的表示，如果嘴角往下走，内心可能很痛苦，有什么事情是暂时不能解决的和无可奈何的。噘着嘴就是生气、不满，这一点我们是经常能看到的。

7. 舔嘴唇

有时候我们在和别人说话的时候，可能看见对方会不经意地舔舔自己的嘴唇。这说明他当时的内心要么是很压抑，和你的谈话让他觉得很不自然、很不舒服；要么就是内心很激动，可能是听到了什么有利于自己的消息；或者是一直有一个类似的消息放在自己心里，又不能公布出来，他们会觉得口干舌燥，所以就会时不时地舔舔自己的嘴唇，他们也可能会喝水，但也喝得不多，就是抿一小口。

第二章
精准分析：找准人性的软肋和弱点

> 任何人都有软肋和弱点，有的人隐藏得比较浅，有的人隐藏得比较深。但是，即便伪装得再好，也会有露出来的时候，只要我们抓住对方的软肋和弱点，并且加以充分利用，就能够在博弈中掌控主导权。

投其所好是博弈的最佳切入点

一个周末,街上多了许多青年男女。有几个青年男女伫立在街头,等待恋人的到来。街边有几个擦鞋的人,他们对着伫立在街头的几个青年男女叫喊着,希望他们前来光顾。

一个擦鞋的人说:"擦鞋啦,有谁需要擦鞋吗?让我帮您擦擦皮鞋吧!我一定把您的鞋擦得亮亮的!"这个人说完这番话,几个小伙子往这边看了看,但是都没有过来。

这时候,另一个擦鞋的人喊道:"约会之前,先擦一下皮鞋吧!"这个人话音刚落,几个青年就向他走了过来,纷纷表示要擦鞋。

同样是在街头擦皮鞋,第一个擦鞋人之所以无法吸引顾客,只因为他的话传达的是"为擦鞋而擦鞋"之意,他没有考虑顾客深层次的需求,没有打动顾客的内心。第二个擦鞋人能够吸引顾客,只因为他的话传达的是"为约会而擦鞋"的温情。小伙子们为了约会,当然愿意使自己看上去更体面,这样的话,一下子就抓住了顾客的心,激发了顾客的潜在需求。

所以说,想要钓到鱼,就要从鱼的角度思考,给鱼以它们喜欢的诱饵。博弈中,要想获得对手的认同,就要能够投其所好,给出令对方心动的价码,如果对方觉得我们能够令他们获利,我们也就掌握了开启对方心灵的金钥匙。

小王是某进出口公司的业务经理。一次,他被公司派往美国,和当地的一家公司洽谈业务。当时,世界各国还没有从金融危机中走出来,经济普遍都不景气,这家公司自然也受到了很大的影响。

到了美国之后,小王稍作停留,当天下午就找到了对方的谈判代表进行讨论。可是事情的进展令人非常失望,讨论了半天,依然没有取得预期效果。外方代表为了提高企业效益,将这种商品的售价提高了4%,使整个订单的成本比以前高出了上百万美元。

见外方代表如此固执,小王缓缓说:"这么多年以来,我们一直是合作伙伴,所以相互之间也算了解,如果条件允许,我们一定会接受贵方的要求,可是你们也知道如今的情况,就目前的成本价来说,我们实在无法接受,否则肯定会破产。在经济危机的大浪中,我们可以说是一条船上的人。作为一条船上的人,难道你们真的愿意看见我们破产吗?要知道,如果我们不好,你们也会跟着受影响;可如果我们好了,你们也会跟着好起来。"

外方代表听到这里,若有所思地迟疑了一阵。小王看到他们已经被说动了,就紧接着说:"咱们已经合作了这么多年,彼此的利益都是相关的,其中的任何一方受到损失,对另一方都没有好处。现在,我知道贵公司也遇到了一些困难,急需资金渡过难关。如果贵公司能够将价格降低一些,我可以保证我们公司一次性全额付款,给予贵公司最大的支持。另外,我还会向公司领导建议,以后一直和贵公司保持合作。希望我们能够继续合作,共渡难关!"对方觉得小王分析得也有道理,频频点头。最终,外方代表出于自身长远利益的考虑,做了让步,将价格定在小王能够接受的范围之内。

对方代表为了获得更多的利益,原本是不打算妥协的,可是后来小王给出了令对方心动的条件，让对方意识到和他们保持合作是有利的，最终做了妥协。

哈佛商学院的一个院士说："如果在和别人会谈之前，我对对方和自己都不能有一个明确的定位，不知道该给出什么样的诱人条件，那么我宁可在他的门外溜达上两个小时，也不想走进去。"博弈中，如果你能对自己说："若是换作我，在那样的情况下会需要什么，会为什么样的价码动心呢？"这样一来，你也许会事半功倍。

小孙是一家服装厂的推销员，她为了一单生意多次拜访市中心的一家服装店，但是这家店的老板一直不愿意代理她们厂的服装。

就在小孙准备放弃的时候，她看到报纸上刊登着一则关于变更服装业税收管理办法的消息，小孙突然想到了一个好办法，她买了一份报纸装在口袋里，然后又来到这家服装店。

见到服装店老板后，小孙根据报纸上的消息向老板提了一些有利于帮助店家节省费用的建议，老板听了之后非常高兴，说："我还没注意到这则消息呢！按照你的方法，店里的开支确实可以减少很多，你真是个有心人！"

两个人又谈了很长时间，老板觉得小孙不仅是一个很好的合作伙伴，也是一个能给自己很多有用建议的好朋友，因此，他表示很愿意和小孙合作。

没有永远的朋友，也没有永远的敌人，只有永远的利益。当彼此利益一致时，双方很容易成为朋友；当双方利益冲突时，无论运用什么样的博弈技巧，双方照样是对手。有时候，即便你凭三寸不烂之舌和客户进行了深入的交流，也有可能依然无法消除客户心中的戒备或疑虑，可是一旦你拿出实实在在的物质利益，客户就有可能会与你合作。随着利益格局的变化，朋友和对手的角色也可能会发生转变。因此，博弈时我们一定要从对方的角度出发,找到能够打动对方的条件。

用赞美满足对方的心理需求

心理学家在对情绪的研究过程中,曾对赞美的作用如此定义:"赞扬能使瘦弱的躯体变得强壮,能给恐惧的内心以平静和信赖,能让受伤的神经得到休息和力量,能给身处逆境的人以务求成功的决心。"

赞美的话最容易突破一个人的心理防线。我们在博弈的过程中,如果能用好"赞美"这个利器,将会避免很多不必要的麻烦,在社交场上顺风顺水、游刃有余。

这是一家中餐馆。当我们几个进去的时候,客人非常多,每一个服务生都面无表情,或者非常不耐烦地为顾客们服务。我们中有一位朋友是个容易受他人情绪影响的人,一看他们的表情,便有些不舒服,于是,他想到了赞美。

一位女服务生过来为我们上菜的时候,他看着她,很诚恳地说:"美女,你的头发太漂亮了。"

她抬起头来,有点儿惊讶,脸上露出了无法掩饰的微笑:"哪里,不如从前了。"

他的一位朋友跟着说:"你看,人家中国姑娘就是漂亮!"

那个服务生高兴极了,红着脸轻声说:"我是泰国人。"

这时,他的另外一个朋友马上接话:"就是,我说还是泰国姑娘看着性感!"

这时,那个女服务员笑出声来了,表情可爱极了。自然,接下来他们的用餐环境也轻松了很多,每一个来为他们服务的女服务生,都得到了他们毫不吝啬的赞美。当他们离开时,这些服务生们的精神状态都好了不少。而且,整个餐馆里的顾客们的心情也都轻松了不少。

谁不想在轻松的环境下生活和工作,并且拥有愉悦的心情呢?而一句真诚的赞美,便能给我们带来意想不到的收获。那么,怎么去赞美他人呢?下面几点可供借鉴。

1. 挑对方的独到之处进行赞美

有的人因为优秀,或是他所处的地位,常常听到许多的赞美,已经对普通的赞美之辞感到麻木了。这时,如果你想要让他对你的赞美留下深刻印象进而记住你,那么就要尽量使自己的赞美新颖一些,与其他的赞美有所不同,这才能显出你与众不同,从而引起注意和重视。

2. 具体而非笼统地赞美

赞美不一定要用华丽的言辞,相反,朴实却又有具体所指的赞美更能俘获人心。如果可以就对方一个很小却很具体的优点给予适当的赞美,这也许会比你用一些四字成语的溢美之词,更能收到好的效果。

3. 赞美他人要选择适当的时机

你需要留意何时去赞美对方。当对方提及某个话题,或讲述他的一段经历,又或者言谈中提到某个地点等,都有可能成为你赞美他的引子。如果对方没有给你这样的机会,你可以自己做一个引子,目的是让自己的赞美不要太生硬和过于突然。比如,你可以说,"我常常在想,见到你的时候要跟你说说我长久以来对你的一些看法……"

4. 采用适当的表达方式

赞美的话语不仅在于你说了些什么,也在于你采用什么方法去表达。你的用词、姿势、表情,以及你赞美他人时的认真程度,都十分重要。赞美时,你应该直视对方的眼睛,面带笑容,注意自己的语气,声音要响亮、利落，切忌欲言又止、慢慢吞吞。如果情况允许，你还可以一边赞美，一边握住对方的手或是轻拍对方肩膀，以营造亲密无间的气氛。

5. 赞美要恰如其分、适可而止

赞美的话要得体，要把握分寸，而不是虚情假意地恭维和奉承。你的用词听上去要很自然，千万不要矫揉造作，否则有可能收不到好效果，还会招惹麻烦。赞美也要适可而止，如果赞美过度，就很容易让人对你的赞美产生怀疑。

6. 赞美要真诚

每个人都希望得到他人真心诚意的赞美。英国研究社会关系的卡斯利博士曾经说过，大多数人在选择朋友时，都是以对方是否真诚来做衡量标准。如果你不是出自内心地要去赞美他人，那么随意敷衍的一两句话，会让人立刻察觉你的虚伪。那些毫无根据的赞美之辞，也会让人觉得你别有用心，对你产生防范心理。

利用对方的"逆反心理"，达到自己的目的

在心理学上，有一个著名的效应叫作"禁果效应"。所谓禁果效应，是指一些事物因为是被禁止的，反而更加让人关注，使更多的人更加积极地参与其中。"禁果格外甜"，说的就是这个道理。

在古希腊神话故事中，万神之神的宙斯把一个紧闭的盒子交给一个叫潘多拉的女孩保存，宙斯再三严令禁止她打开。可是，潘多拉见宙斯如此紧张，反而对原本不甚在意的盒子好奇了起来。她越想越好奇，最

后终于忍不住把盒子打开了。

结果，装在盒子里的罪恶和灾祸就跑了出来。从此，人间便有了罪恶和苦难。

宙斯的禁令勾起了潘多拉的好奇心，这促使她打开了盒子。

事实上，"禁果效应"与人的好奇心理和逆反心理有密切的联系。

心理学家费尼·贝克和辛德兹做过这样一个实验：

他们在某大学的男洗手间里挂上了两块禁止涂鸦的牌子。一块写着："严禁胡乱涂写！"语气非常严厉，署名为"大学警察保安部长"；另一块写着："请不要胡乱涂写！"语气相对柔和，署名为"大学警察区委员"。

接下来，他们每隔两个小时换一次牌子，统计牌子被涂写的情况。

结果发现：相对于写着"请不要乱涂乱写！大学警察区委员"的牌子，写着"严禁胡乱涂写！大学警察保安部长"那块明显被涂抹得更加严重。

由此可见，禁止得越严、越是权威，人们的逆反心理就越强烈。我们都知道罗密欧与朱丽叶的故事，他们两家是世仇，两家的子女谈恋爱更是被严令禁止的，而这种禁止却成了他们爱情的强大助力。因此，"禁果效应"也被称为"罗密欧与朱丽叶效应"。

"禁果效应"存在是有其心理学依据的。

一是好奇心理。也就是说，与能接触到的事物相比，无法知晓的"神秘"事物对人们有更大的诱惑力，也更能促进和强化人们渴望接近和了解的诉求。人们对所接受信息的完整性有着一种潜意识上的期待心理，一旦关键信息被隐藏，人们所接受的信息不完整，就会在心理上形成"接受空白"，这种空白就会强烈召唤被遮蔽的信息来填补空白。这种"期待—召唤"结构就是"禁果效应"存在的心理基础。

现代社会中，媒体常常利用公众的这种心理来进行影视广告、商品的宣传推广。最早对"禁果效应"加以积极应用的大概要算法国农学家帕尔曼切了。

帕尔曼切在德国吃过土豆，觉得非常不错，就想把它推广到法国。

1787年，他得到国王的许可，在一块地里栽培土豆，并在白天用一支全副武装的国王卫队看守这块地。晚上，等到人们都睡觉了，警卫才撤离。

这勾起了人们的好奇心。于是，人们便在晚上的时候偷着挖土豆，然后带回家去吃，结果发现非常好吃。

得益于"禁果效应"，土豆在法国以让人吃惊的速度迅速推广到全国。

二是自我价值。心理学家认为，自我价值是人的心理根基，任何一个人都不能接受自己无价值地生存在社会上。当一个人被禁止或者严令做什么、说什么的时候，他会有一种自我价值受到损害的感觉，然后，他就开始本能地进行自我价值的保护。这种对自我价值的保护表现在外在言行上，就是抗拒外界的劝导和说教。

因此，人们之所以会有"让他往东他偏往西，让他打狗他偏打鸡"的逆反行为，完全是出于一种对自我价值保护的本能。

在现实生活中，管理者也常常通过正确引导他人的"逆反心理"，来促使下属为自己效力。比如，领导对有能力但是工作不卖力的下属说："这件事情很有难度，虽然你有能力有才华，但是到时候万一不成功，多丢面子啊。所以，你还是不要参与了……"这样，往往能使下属积极地投入到工作中。

或许你已经注意到了，这就是人们常说的"激将法"。在与人交往的过程中，适时地采用这种方法，往往能收到意想不到的效果。

让别人有面子，为自己增机会

一家上市公司为了提升自己的竞争力，决定招聘一批储备干部。在众多的应聘人员当中筛选出了35位。公司领导对这35名新员工非常重视，董事长特意抽出半天时间为这些人开了一个座谈会。在会场上董事长亲自点名，让新员工介绍自己。刚开始一切都很顺利，但是当董事长叫到第四个人的名字时，竟然没有人响应。叫了三遍之后，和董事长叫出的名字非常相似的一个人站了起来，说道："我的名字不是这样读的，而是叫×××。"说完之后场面非常尴尬，董事长更是冒出了冷汗，心想这次自己丢人丢大发了。

正在事情不知道该如何收场时，一位新员工站起来说道："董事长对不起，我是办公室新来的员工，因为办公室打印机的油墨不够了，而我还不知道油墨在哪里放着，所以名单打印得不是太清楚。"这时，董事长反应了过来，然后略显严肃地说道："以后注意点儿，不要再出现这样的情况。"就这样，这位新员工巧妙地为董事长找到了一个台阶，使会议正常地进行了下去。其实这名员工根本没有见过这份名单，但谁又会在乎这件事呢？结果，实习期结束之后，这名新员工顺利地成为第一个与公司签订合同的人。

在中国的传统文化当中，面子是个体身份与理想形象要求的表现，是个体社会地位、社会价值和处世要求的总和。当一个人的言行举止符合了整个社会的普遍标准时，就会挣得面子，这种标准包括功成名就、德才兼备、诚实守信，等等。人们只要具备了以上所说的任何一点，别人都会觉得这个人比较有威望、有能力，在做事的时候，别人也愿意给这类人一点儿情面。这也是为什么在社会中一些成功人士的面子会比普通人大的原因。但是，一旦违背了人们约定俗成的标准，那么这个人就会丢了面子。这也是为什么，当一个人没有什么成就或者做了什么不好的事情时，会觉得脸上无光的原因。

除此之外，我们都知道中国是一个人情社会，做任何事都要求情理兼备，而情面就是人情关系和人际交往最为重要的一个象征。自古以来，我们生活的各个方面都讲究和谐融洽，而情面正是衡量个体影响度和人际关系融洽度的一个重要标尺。在人际交往的过程中，给对方情面，就非常容易让大家的关系变得和谐。因为我们给对方留了面子，就代表我们对这个人的人品和能力都表达了自己的尊重，是展现诚意的一种表现。反之，如果驳了对方的面子，就会让对方有一种下不来台的感觉，让双方的关系变得尴尬起来，进而影响正常的人际交往。

在现实生活中，给别人留面子其实是表达自己的善意，体现自己尊重他人的一种有效途径。此外，面子与一个人的自尊心是紧密相连的。自尊心在心理学上是指一个人爱护自己、渴望被尊重，不允许别人侮辱自己、歧视自己的一种心态。众所周知，每个人都不可能是完美的，我们不应一味地与别人的缺点或是错误较真，因为我们自己也不希望有一天别人拿着自己的短处、痛处不断地刺激自己。因此，我们应该学会如何保全一个人的面子，这样做其实是保护了一个人的自尊心。正所谓"己所不欲，勿施于人"。懂得尊重别人的人，才会赢得别人对自己的尊重，才会为自己赢得更多的发展机会。

刘老师班上有个女生很优秀，有一段时间她看到别人比自己成绩好，心里就有些不平衡，跟同学说话总是冷嘲热讽，甚至对老师也缺乏礼貌。刘老师通过网上聊天工具和她聊天，直言不讳地指出了她的错误心态，并且鼓励她继续努力，迎头赶上。这个女生很感激，情绪理顺了，心态也端正了。

对于其他有这样那样缺点的学生，刘老师也尽量采取类似方法。一位学生说："刘老师照顾我们的面子，我们也会尽力改正。"一位教育专家这样评价刘老师："刘老师这样做是讲策略，育人工程最复杂，关键要用心！"

有一次，刘老师经过教室，听到一位同学用粗话骂老师，她装着没听见，事后私下把那位同学请到办公室，告诉他老师已经听到他说的那句话，但不想当着全班人来批评，这是为了尊重他。学生很诚恳地承认了自己的错误，并向当事老师道了歉，后来，这个学生变得很有礼貌。

刘老师可谓深谙批评之道：要想让对方接受你的批评，前提是不伤及对方的面子，最好的办法就是私底下指出来。做人没必要像炸药似的一点就着，看到别人犯一点儿错就横加指责，这种做法不仅会伤害对方的自尊心，还会给他人留下脾气暴躁的印象。会说话办事的人都懂得在私下里和对方沟通，平和地指出对方的错误，并帮助他们找到恰当的改正方法。除此之外，他们还会肯定对方已经做得很好的部分，以免让他们丧失信心。

其实，很多人犯错都是无心之举，可在私下为其指出来，或以含蓄说明、暗示的方式使其意识到自己的错误。这样既能维护他人的面子，又能达到帮他改正缺点的目的。

所以，任何情况下，我们都需要顾及别人的感受，不能一意孤行，否则会很难找到合作伙伴，尤其是在当下标榜团结合作、团队精神的社会。尊重别人，为别人保全面子，就会为自己赢得更多的合作机会。而对人尖酸刻薄，做事喜欢步步紧逼，不愿给别人留有余地的人，通常也得不到别人的好感和关照。一定要谨记，人与人之间的争执没必要弄到水火不容的地步，退一步海阔天空，别人感受到你的善意后通常也不会针锋相对，事情就会有缓冲、回旋的余地。

用希望激励他人

曾有这样一个新闻报道：

在一片没有尽头的沙漠中，阳光曝晒，空气仿佛都快燃烧起来了。一支探险队正在负重跋涉，他们已经好长一段时间没有喝过水了。又走了一段路程，有队员开始瘫在地上，说自己不可能活着离开沙漠了。这时，队长从行囊里拿出一个沉甸甸的水壶，说："我们一定能活着离开沙漠，我们还有最后一壶水，我们死不了。但是，由于水很少，如果不是快死了，我们都不能喝它。"听完队长的话，队员们从地上爬了起来，继续前进。尽管很渴，但他们谁也没有去喝它。每当谁感觉自己坚持不下去的时候，就抱一抱装着水的水壶，然后又继续前进。就这样，一直到他们穿越了沙漠，那水壶的盖子也没有被打开过。事后，队长才告诉队员们，其实那个水壶里根本就没有水，里面装的是沙子。

然而，正是"一壶水"的希望支撑着他们超越了生命的极限，在如此恶劣的环境中活了下来。

心理学家从大量的观察事实中发现：那些满怀希望的人，做事往往更有效率，成功的概率也更大；即使在逆境中，他们也更容易从中脱困而出。这就是"希望效应"。

针对希望效应，心理学家以"你有哪些希望"为主题，进行了一次广泛的调查。问卷分析的结果表明，希望越多的人，往往生活更快乐，事业更成功，即使那些暂时无所作为的人，在不久之后也会取得成就；而那些没有明显的或者较少希望的人则大都平庸、碌碌无为。

其中，一位富翁的答案是："我没有希望，所有的希望都已经满足了。"原来，这位富翁患了严重的忧郁症，其事业也呈下滑趋势。后来，心理学家对他进行了心理引导，培养他的希望，比如引导他燃起对外孙成才的希望等。经过持续的希望的"煎熬"，这位富翁终于又恢复到年轻时办事雷厉风行的状态。

所以说，希望是人类生活的动力所在。

从前，有两个相依为命的盲人父子，他们靠弹琴卖艺维持生计。

一天，父亲支撑不住病倒了。他自知将不久于人世，于是便把儿子叫到床头，紧紧拉着儿子的手，吃力地说："孩子，我这里有个秘方，它可以使你重见光明。我已经把它藏在琴里面了，不过你一定要记住，必须在弹断第两万根琴弦的时候才能把它取出来。否则，你是不会看见光明的。"儿子流着眼泪答应了父亲。

一天又一天，一年又一年，盲人儿子始终把父亲的遗嘱铭记在心，他不停地弹啊弹，他收藏的弹断的琴弦日益增多，而他的名气也越来越响，财富也越来越多。当他弹断第两万根琴弦的时候，当年那个弱不禁风的少年已经到了垂暮之年，变成了一位饱经沧桑的老者。他按捺不住内心的喜悦，用颤抖的双手，慢慢地把琴盒打开，取出秘方，请别人念给他听。

可是，别人却告诉他，那只不过是一张白纸，上面什么都没有。

盲人儿子没有失落、气恼，而是一脸幸福地流下了感动的泪水。

显然，盲人父亲"骗"了自己的儿子。可是这位过去的盲人小孩、如今的盲人老者，在拿着这张什么都没写的白纸时，非但没有气恼，反而淌出感动的泪水，露出幸福的笑容。这是为什么呢？因为就在知道

"秘方"内容的那一瞬间,他突然明白了父亲的良苦用心。他觉得父亲的无字秘方是为了告诉自己一个人生的真谛——只有不放弃,不丧失信心,始终活在希望中,才会看到光明。

的确,每个人都需要有希望,希望能够引发人类巨大的能动力。因此,在人际交往中,一定不要忽视时时给他人希望。如果你是管理者,你就要给员工升职加薪的希望;如果你是家庭的顶梁柱,你就要给家庭其他成员过上好日子的希望;如果你为人父母、为人师长,就要给人努力后就会成功的希望……无论你在社会中扮演哪种角色,都要注意这一点,因为掌握了人的这种心理,你希望他们做某事时,往往会容易实现。而倘若你不懂得给别人希望,那么,在需要别人做某事时,你就很难达到目的。因为,没有希望的生活不会产生激情,没有希望的前途不会激发潜力,当人们看不到自己经过努力后会得到什么样的结果的时候,便没有动力去积极实施。

给犹豫不决的人来一剂"猛药"

一个名叫布里丹的人养了一头小毛驴,他每天都要向农户买一堆草料喂它。有一天,农户额外赠送了一堆草料,布里丹将两堆草料都放在毛驴旁边。这下子可给小毛驴出了个大难题,两堆草料大小相等、质量一样、与它的距离也等同,究竟该吃哪堆呢?虽然毛驴可以自由选择,但是它始终在两堆草料中徘徊,左看看,右瞧瞧,根本拿不定主意。事情的结果让人大跌眼镜,最终,可怜的小毛驴竟然眼巴巴地看着两堆草料饿死了。

根据这一现象，布里丹总结出有名的心理定律——"布里丹毛驴效应"，其主要是指在两个相反而又完全平衡的推理之下，随意行动是不可能的。人们往往在决策过程中犹豫不决。正因为左右都不肯放弃，所以无法做出有效的决策。

电影《购物狂》中的一个角色就有严重的选择恐惧症，甚至不能为自己决定一顿午餐，不知道自己到底爱谁。现实生活中我们常常可以看到这种犹豫不决的人，无论挑选什么永远选不定，要么眼花缭乱，要么在两者或者三者之间犹豫不决，以至错失良机。

跟这种人交往，往往也是一种耗费脑力的劳动，因为他永远处在犹豫选择状态，往往让你也觉得神经错乱。如果身边有这类朋友，最好的方法就是推他一把，因为无论如何决定，都比无法决定要好得多。生活中，人们常常面临着种种选择，而各种选择也肯定各有利弊，如果一味思索、衡量利弊得失，往往会举棋不定，这时候想得越多往往失去得越多，只有迅速决策、当机立断才有可能有所得。

导购员小青在某家服装店里的平均销售业绩是最好的。大家问她原因，小青讲出了自己的一次经历。一次，一个女孩子由朋友陪着进来选购衣服，但是她看上了三件衣服，质量、价格、款式都各有千秋，女孩子难以决断。身边的朋友告诉她："要么都买走，要么都留下，因为选择哪一件，你将来都会后悔。"这时，小青走过来指着其中的一件告诉她："你穿这一件才是效果最好的，不信你比一比。"

结果，女孩果然觉得那件比另外两件适合她多了，于是选走了一件。销售员们都问她为什么不建议女孩都买走，小青回答道："如果我这样建议了，她有可能一件都不会买。再者做生意要看的是长远，如果客户购买的时候犯难，那么她在以后穿的时候也会犯难，就容易把罪责归到店里，从此不再来。而且，这三件都很漂亮，但只要有人确切地告诉她某一件更漂亮,她潜意识里就会认可那个人的主意和品位,从此选择这家商店的这个售货员购买,只因为她能给她正确的建议。"这番分析引起了一阵掌声。

法国一家报纸曾进行过这样一次有奖智力竞赛,"如果有一天,法国最大的博物馆卢浮宫失火了,情况只允许抢救一幅画,你将首先抢救哪一件艺术品呢?"人们苦苦思索,这时候该报收到法国著名作家贝尔纳的答案:"抢救离出口最近的那幅画。"是的,卢浮宫的每一幅画作、每一件艺术品都价值连城、无可复制,与其陷在选择哪一个的矛盾当中,不如选择最可能实现的那个。

对于习惯于犹豫不决的人,不要替他做决定,因为如果这样,日后他可能会对自己的所选而后悔,最终将责任推到你的头上。最好的做法是,当他犹豫不决时,推他一把,告诉他你认为哪个好一些,把最终决定的权利交给他。这样才可能让他逐渐掌握选择的窍门,最终自己做出决断。

贪得无厌的人,满足他爱占便宜的心理

雨果的名著《悲惨世界》中有这样一个片段,当冉·阿让试图从德纳第手中救出芳汀的孩子珂赛特的时候,德纳第千方百计阻挠,只不过是为了诈骗出更多的钱。文中极为传神地描写了德纳第的心理:"这人虽然穿件黄衣,却显然是个百万富翁,而我,竟是个畜生。他起先给了二十个苏,接着又给了五法郎,接着又是五十法郎,接着又是一千五百法郎,全不在乎。他也许还会给一万五千法郎。我一定要追上他。"他

从希望毫无代价地赶走珂赛特到诈骗了 1500 法郎还不甘心,只不过是自己的贪婪所致罢了。对于这样贪心不足的人,最好的方法不是给予他更多,而是将他仅有的一点儿也剥夺过来。冉·阿让错在不应该给得太多,而应该讨价还价。

这段对人的贪心刻画得真是入木三分,对于贪婪的人来说,给得越多往往越使他无法满足。现实生活中我们常常可以看到这样的现象,刚开始某同事只是向你借 100 元钱,你痛快地答应了;不久后没有还却又向你借 1000 元,如果这次你再痛快地借给他而且不规定归还日期的话,他半年后就能向你借 10000 元。给予贪婪的人越多,他的欲望越没法满足,就像童话里的老太婆向金鱼要求做女皇一样,他们的胃口往往是无法填满的,而且会越来越大。

面对这种人,只有一个办法,就是学会跟他讨价还价,给他点儿小便宜可占,但永远只是一点点,他希望要 100 元钱的礼物而不付出任何东西,你就只给他 50 元钱的礼物,而且要心不甘情不愿地给,既能够让他知道你的底线,还能够让他满足。这样才能遏制他的贪欲。

世界上永远有那么一种人,总希望所有的便宜都被自己占尽而不付出一点儿代价,甚至一点儿亏都吃不得,否则就会重重地报复别人。面对这种人,如果针锋相对,不肯舍掉一点点利益,往往被他仇视,因为他已经被人"让"惯了;但如果任他予取予求,他则会越贪越多,直到你不能承受,而且一旦你拿不出他要求的,还会招致他的仇恨。给他点儿讨价还价的小便宜占,让他意识到自己占了小便宜,但已经到了对方的底线,他就不会再来骚扰你。

开车的小王不小心撞到了骑自行车的小李,小李的腿划破了,小王只好带他去看医生。当时小李要求看病的钱小王出,小王没有意见。后来,小李见小王大方而且软弱可欺,就要求小王赔偿他的损失费——不能上班，自然会有损失。小王一想"也是应该"，于是就按照他的要求，给了他一笔钱。结果，小李一看，认为小王肯定是个不在乎钱的主儿，于是狮子大开口，又是营养费，又是请专门护士照顾的费用，又是精神损失费等列了一张清单。小王一看，遇到"碰瓷"的了，立刻要求鉴定事故责任，要求按照保险公司的赔偿准则来实施，结果小李一看这架势，似乎要把已经给自己的钱还要收回去一部分，立刻就要求不必"浪费时间"了。

贪得无厌的人永远没有满足感，他们内心的贪婪就像一个无底洞永远填不满。面对这样的人，我们要想掌控他们，适时给予一点儿小恩小惠，让对方时刻处于垂涎欲滴的状态，只有这样才能将对方牢牢控制在自己的手心中。

面对疑心重重的人，多给予其安全感

多疑的人往往内心缺乏安全感，对别人的行为和目的总持怀疑的态度，心中总是疑云重重，所以这样的人往往感觉与其交往的人怀着异心，或者别人说的两句话也要分析过来、琢磨过去，看别人有没有言外之意。

跟敏感多疑的人相处往往也是困难的，因为跟他们在一起时，说话总要小心翼翼，一个笑容甚至眼神也能被他们理解成嘲笑或者敌意，跟他们交往往往很压抑。但世界上总有各种不同性情的人，你也许就会遇到一个多疑、敏感者，怎样相处才能让双方都感觉舒适呢？

说话做事都坦然就能够逐渐减少他的疑心。越是说每句话都看他的脸色越容易引起他的疑心，因为他在潜意识中就认为，会看人脸色说话的人必然心思细密。说话不在意者，他会认为，这个人没有心眼儿，就是个大大咧咧的人，说什么都是自己的心里话，自然就不会加以怀疑了。越是与敏感多疑的人谈话越应该直视对方，话语坦诚，眼神不要躲闪，说话不要拐弯抹角。

话题应该多涉及对方感兴趣的或者对方的优势，多以赞扬、鼓励之类的正面语言去谈论或叙述。这样他就会认为，你在心理上起码是光明的，因为你对别人的评述都是正面的，说明你心中的黑暗面比较少，自然能够消除对方的怀疑。再者，赞扬对方还能够树立他的自信，从而减轻其多疑心理，多疑多是由自卑心理产生的，因为对自己不满，所以对他人也没有把握，由此产生了怀疑。

英国哲学家培根说过："猜疑之心犹如蝙蝠，它总是在黑暗中起飞。这种心情是迷陷人的，又是乱人心智的。它能使人陷入迷惘，混淆敌友，从而破坏人的事业。"既然猜疑之心总要在黑暗中起飞，那么，把你的言行都放到光明的地方任凭对方审视，也未尝不是一个消除对方疑心的方法。

秦国大将王翦不但用兵如神，而且善于揣测上位者的心思，消除对方的疑心。秦始皇开始时向王翦请教攻打楚国需要多少人马，王翦说需要60万，而将军李信说只要20万，王翦并没有说什么就称病回家了。结果李信大败，秦始皇亲自找到王翦要他带兵，王翦就借机向秦王要求赐给他良田美宅才肯出战。秦始皇说道："你好好打仗，还怕委屈你吗？"王翦回答道："臣身为大王的将军，立下汗马功劳，却始终无法封侯，所以趁大王委派臣重任时，请大王赏赐田宅，可以为子孙后代提供好的生活。"于是，王翦带兵60万出征了，途中又五次向秦始皇要"园池"。手下开始鄙视他的为人，王翦道出了其中缘由："秦王生性多疑，现在把全国所有兵力都给了我，他不会完全放心。我向他讨要房子和地，明里是自己为儿孙打算，实际上是表自己的忠心和没有野心而已。"果然，秦始皇听了王翦的要求，认为王翦为人太小气，这样小气的人野心自然就小，对自己的威胁当然也小，于是放心地让他去带兵打仗。

历史上，大人物往往容易患多疑症，而且越是有野心且处在危险境地的人就越容易多疑。曹操刺杀董卓未遂，逃回家乡，途中借宿吕伯奢家中，在屋中突然听见后院磨刀霍霍的声音，又听见有人说"绑起来再杀"，就怀疑吕伯奢要谋害自己。于是，他冲出去将吕家上下都杀光了，结果搜查到厨房才看见一头猪被绑在这里准备宰杀，才知道自己疑心过重错杀了好人。

很多时候，人们之所以出现猜疑，与有些人喜欢故弄玄虚或者乐意给别人制造"惊喜"有关。遇到多疑的人，一定要首先将自己的行为讲清楚原因和目的，不要让他猜，尤其是对那些身处险境的人更应该如此。当然，野心重且身处上位的人，当不能掌握属下的时候，或者被"功高震主"的时候，也容易有猜疑之心，这样的人只要给他足够的安全感，就能消除其疑心，与他和平相处。

第三章
攻心为上:"落点"越正越有说服力

了解了对方的动机和想法,能够做出相应的反应,你才能说服对方。完整的说服是以思维方式为引导,以声音为载体,以行动为辅助。在说服对方的过程中,你的语言是否能够恰好击中对方心里的那根弦,就决定了你与对方的交流是否畅通。能表达出最准确的意思,并以恰当的方法引导对方的想法,你就成功了一大半!

看清说服的对象,做到心里有数

所谓说服,是指人们利用自己的口才,很好地向对方说理,使对方接受我们的观念,并改变自身态度、行为的一种深具影响力的沟通行为。说服的最终目的是要将我们与对方的需要、愿望相结合,所以,我们首先要做的就是了解对方的心理需要、动机以及忧患,这样才能更好地说服对方。

有一位歌星特别爱摆架子,有一次要参加一个大型义演的现场节目,时间是晚上九点。可是到了七点,这位歌星忽然打电话给唱片公司的经理,说她身体不舒服,喉咙很痛,要临时取消当天的演出。

这位经理听完歌星的话,并没有生气,而是用惋惜的口吻说:"咳!真可惜,这次义演只有大牌歌星才有机会亮相,如果你现在取消倒没什么,反正公司里还有很多小牌明星挤破头要参加。可是如果换了人,电视台一定会不满,以后类似的活动可能你就不会受到邀请了,娱乐圈有那么多后起之秀,别人想取代你也不是不可能,好了,你好好休息吧。"那歌星听后小声地说:"其实我病得也不是特别厉害!要不你八点来接我,我想那时我的身体应该会好一点儿吧。"

其实经理很了解这位歌星,她根本就没什么病,只是喜欢摆架子,因此,他找准了对方拒绝的真实原因,进而有针对性地进行说服,最终成功地说服了这名歌星。

如果我们要想说服他人，首先就必须透彻地了解对方的心理活动，只有对别人的思想、感觉、看法了解得越清楚，说服力才能越强，才越能够替别人剖析疑难、指点迷津。我们可以从以下几个方面入手。

1. 了解对方的性格

不同性格的人对同一事物的接受程度是不一样的，如果对方性格急躁，我们可以用激将法来说服对方；如果对方性格稳重，我们可以向他剖析利害关系；如果对方有些自负，那么适当的赞美也可以达到说服的目的。可以说，掌握了对方的性格，就可以按照他的性格特征，有针对性地进行说服。

2. 了解对方的长处

一个人关心、了解的往往是自己最擅长的领域，如有的人喜欢养花养鸟，享受生活；有的人喜欢舞文弄墨，陶冶情操；有的人擅长商场拼杀，享受工作的乐趣等。那么，我们在说服不同的人时，就要从对方的长处入手，这样就能与他产生共鸣，得到对方认同，更容易说服他。

3. 了解对方的真实想法

有时候，当我们说服别人陷入瓶颈时，无论怎样动之以情、晓之以理，对方都不为所动，这时我们就要认真地思考一下，如果一个人一直坚持某种想法而不改变主意，那么他一定是有更深层次的原因。因此，我们要设法了解对方当时的情绪和是否受其他原因影响，找到影响对方的真实原因，真正了解对方的苦衷，就能有针对性地加以解决。

他恐惧什么，就唤醒什么

一些鼓励戒烟的广告会通过展示吸烟带来的危害——如吸烟可能导致肺癌、会导致口腔疾病、怀孕妇女吸烟会影响胎儿的健康等，来告诫人们不要吸烟，这些展示通常会起到一定的效果，因为这些危害唤起了人们对吸烟的恐惧。心理学家研究表明，在说服他人时，唤起他人的恐惧可以成功达到说服的目的。

心理学家班克斯和萨洛维让那些没有做过乳腺 X 光检查的 40~46 岁妇女观看一个关于乳腺 X 光检查的录像。在那些接收到积极信息（强调做乳腺 X 光检查能够帮助你及早发现疾病以挽救你的生命）的人中，只有一半的人在 12 个月内去做了乳腺 X 光检查。但是在那些接收到恐怖结构信息（强调不去做乳腺 X 光检查会使你付出生命代价）的人中，有 2/3 的人在 12 个月内去做了乳腺 X 光检查。

同样的沟通目的，却因正、负两方面的表达方式而产生了不同的说服效果。更重要的是，负面信息更有效。负面信息让人感到恐惧，如果了解对方内心所恐惧的东西，进而唤起对方的恐惧，那么说服或许会变得容易些。

现在我们以触龙说赵太后为例，来解读如何利用恐惧说服他人。

赵太后刚刚执政，秦国就加紧了对赵国的攻势。于是，赵国向齐国求救。但是，齐国要求赵国把长安君送来做人质，他们才肯出兵。长安君是赵太后幼年的儿子，赵太后不肯答应。大臣们极力劝说，赵太后非常恼怒地斥退了劝说的大臣。

此时赵太后是处于一种非常情绪化的状态之中，若再有人上前劝说，赵太后势必会十分反感，不肯听取他的意见，而触龙也深知这一点。

1. 消除障碍，获取机会

左师触龙去见太后，太后在大殿气冲冲地等着他。触龙进门后慢慢地小步走到太后跟前，向太后谢罪说："我的脚有毛病，不能快步走。好久都没见您了，我怕您玉体欠安，所以来看看您。"太后说："我的身体也不行了，得靠车子才能行动。"触龙又问："您每天的饮食应该没有减少吧？"太后说："不过是吃点儿稀饭罢了。"触龙说："我前一段时间也很不想吃东西，后来每天散一会儿步，走上三四里路，就稍微增加了一点儿食欲，身体也比以前舒畅多了。"太后说："我没法像你那样啊。"这时候，她的怒气比刚才稍微消减了一些。

触龙没有直接指明来意，而是从生活起居等小事入手，转移了赵太后的注意力，为进一步的说服做铺垫。

2. 引起共鸣

触龙继续说："老臣有一个年龄最小的儿子舒祺，很不成器，但是我已经衰老了，私下很疼爱他，希望他能当一名卫兵，来保卫王宫。为这事，我特意冒死来向您请求。"太后答道："他多大了？"触龙说："15岁了。虽然年龄小点儿，但是，我还是希望在我没死之前把他托付给您。"太后问："你们男人也那么疼爱小儿子吗？"触龙回答说："比女人还厉害呢！"

触龙用自己对小儿子的疼爱，唤起了赵太后的共鸣，也为下一步的说服埋下伏笔。

3. 转入主题

太后说："我们女人都对小儿子格外疼爱。"触龙说："我私下认为您对燕后的疼爱超过了长安君。"太后说:"你说错了,我对燕后的疼爱远远赶不上对长安君啊!"触龙说:"父母疼爱自己的孩子,就必须为他们的长远利益考虑。您当初把燕后嫁出去的时候,拉着她的脚哭,不想让她走,想着她嫁那么远,您十分难过。当时的情景真是又伤心又感人啊!燕后走了之后,尽管您很想念她,但还是在祭祀时祈求她不要回来。您这样做难道不是为她的长远利益考虑,希望她有子孙能相继成为燕王吗?"太后说:"嗯,确实是这样。"

说到疼爱子女的问题上时,触龙话锋一转,故意说赵太后爱燕后超过了爱长安君,用激将法逼赵太后说出了溺爱长安君的实情。

4. 暗示铺垫

触龙又说:"从现在的赵王往上推三代,直到赵氏从大夫封为国君为止,历代赵国国君的子孙受封为侯的人,他们的后嗣中还有继承封爵的吗?"太后说:"没有。"触龙又问:"不只是赵国,其他诸侯国有这种情况吗?"太后说:"这我还没听说过。"触龙说道:"这大概就是,祸患来得早的就落到自己头上;祸患来得晚的就会累及子孙。难道这些国君的子孙就一定都不好吗?不是的。只因为他们享受尊贵的地位和优厚的俸禄却对国家毫无贡献,并且他们又拥有很多奇珍异宝,危险的降临就在所难免了。"

在这一部分,触龙以赵国和各诸侯国的子孙为例,暗示赵太后对长安君的溺爱对他并没有什么好处。

5. 唤起恐惧

触龙继续说道:"现在长安君的地位也很尊贵,您还把很多肥沃的土地封给他,赐给他很多宝物,可是如果不趁这个机会让他为国家做点儿贡献,有朝一日您不在了,让长安君凭什么在赵国立身呢?我觉得您为长安君考虑得太短浅了,所以认为您对他的爱不及对燕后啊!"太后说:"好了,你愿意把他派到哪儿就派到哪儿吧。"于是,长安君到齐国做人质,齐国派兵援救赵国。

最后,触龙把长安君现在所处的境况分析了一下,说明他现在的处境有可能会给他带来杀身之祸。这样,就成功唤起了赵太后的恐惧,从而说服了赵太后。

在说服他人的过程中,如果说服信息能成功唤起对方的恐惧心理,那么,说服的目的就很容易达到。所以,在说服他人之前,不妨对对方多进行一些了解,他恐惧什么,就唤醒什么,这样可以极大提高说服力。但需要注意的是,恐惧力量要适度,并且仅仅是为了说服的目的,而不是不正当的目的。

善于打比方,你的话更能让人信服

会说话的人一定善于打比方,用最少的语言说出最深刻的道理,用简单的事物描述最复杂的事物,用最委婉动人的方式说服对方。

中国的法学家王宠惠有一次在伦敦参加外交界的宴会。席间有位英国贵妇人问王宠惠:"听说贵国的男女都是凭媒妁之言,双方没经过恋爱就结成夫妻,那多不对劲啊!而我们,都是经过长期的恋爱,彼此有深刻的了解后才结婚,这样多么美满!"

王宠惠笑着回答:"这好比两壶水,我们的一壶是冷水,放在炉子上逐渐热起来,到后来沸腾了,所以中国夫妻间的感情,起初很冷淡,而后慢慢就好起来,因此很少有离婚事件。而你们就像一壶沸腾的水,结婚后就逐渐冷却下来,听说英国的离婚案件比较多,莫非就是这个原因吗?"

王宠惠巧妙地用打比方的方法反驳了英国贵妇人的挑衅。在说话的技巧中,打比方是一种非常常见的方法。它往往是用人们比较熟悉、具体的事物来描述、解释人们不熟悉、较为抽象的问题,使复杂的问题变得简单,使枯燥乏味的问题变得生动有趣,减少理解的障碍,增加说服力。就像王宠惠把婚姻比作一壶水,把东西方对待婚姻问题的差异比作一壶冷水慢慢加热和一壶热水慢慢冷却,非常形象具体,让人很容易就看出其中的差异、优劣,不需要再说什么大道理,就能让对方心服口服,无言以对。

所以,当你想表达某一事物或道理时,运用联想或想象,用另一个更容易理解的事物或道理来说明,往往能把道理说得更具体、更贴切、更生动、更富有感染力,从而使对方听得更清楚明白,留下深刻的印象。

有一次,庄子穷到了揭不开锅的地步,走投无路之下,庄子只好硬着头皮去监理河道的官吏家借粮。

监河侯看见庄子上门求助,于是很爽快地答应借粮。他说:"可以,等我收到租税后,就立刻借给你300两银子。"

庄子听完后很生气,他愤然对监河侯说:"我在来的路上,听到求救声。但是环顾四周却不见人影,仔细观察,原来是一条鲫鱼躺在干涸的车辙里。"

庄子叹了口气说:"鲫鱼见到我,以为见到了救星,立即向我求助。它说它来自东海,不幸掉进了车辙里,无力自拔,眼看就要干渴而死,于是请求我给它点儿水,救救它。"

听到这里,监河侯问庄子是否救了鲫鱼。庄子叹息说:"我答应救它,但是我说,要等我到南方去,说服吴王和越王,请他们把西江的水引到车辙里，然后把它接回东海去。"

监河侯对庄子的做法很不解，甚至觉得很荒唐："那怎么行呢？"

庄子说："是啊，鲫鱼听完我的话，很生气地说：'我现在离开了水，没有地方可以安身，需要几桶水解决目前的困境，而你却说要引西江的水来这里，全是空话，你还没到达南方，我已经成了鱼干了。'"

监河侯这才明白庄子是在说自己，于是连忙道歉，并且立即为庄子装了一袋粮食。

庄子巧用鲫鱼自比，把自己愤怒的心情通过鲫鱼之口表达出来，并轻松地改变了监河侯的态度，从而达到了说服监河侯借给自己粮食的目的。如此精彩的比方，帮庄子解了燃眉之急。试想一下，如果庄子在听到监河侯的话后，愤怒地指责他，或者干脆胡言乱语，随便骂他一通，庄子会借到粮食吗？

一个简单的打比方就能把复杂的道理和感情表述得生动具体，也更加具有说服力。很多时候，话说得好不好，关键就在于你如何让自己说出的话更精妙。只有让对方顺利理解你说的话，才能真正打动对方，说服对方。否则，再多的道理和表述都是无用的。

那么，怎样才能在谈话中巧妙地运用打比方，让自己的话听起来"言之有理"呢？

首先，打比方的两者必须是完全不同但又有非常相似之处的两种事物。比如说，你在表达爱意的时候，说"我爱你，就像张三爱李四"远不如"我爱你，就像老鼠爱大米"。这是因为，属性相同的事物很难激发对方的想象，也没有意义，而没有相似之处的事物则根本不具有可比性。

其次，用来打比方的对象一定要生动具体，而且要与对方的生活非常贴近，使对方很容易理解和接受。如果你和一个从来没有见过沙漠的人说"我的前程像沙漠一样荒凉,看不到任何希望",虽然是一个很好的比喻,但是因为对方并不知道沙漠是什么样的,因而对他也就没有任何说服力。

将心比心,站在对方的立场上

人可以不远千里跋涉,只为了与知心的朋友共聚一堂,做一次彻夜长谈。但是,很不幸的是有很多人却认为自己没有谈话的对象,也没有可以依赖的朋友,没有诉苦的对象。而这孤独的想法,往往是没有事实根据的。相反地,这世界上也有许多并不孤独的人,但是他们喜欢替别人乱出主意,其实这两种人都并非人们所需要,一般人所需要的是可以了解他、理解他、喜欢他、安慰他的人。

有一次,一个出租车女司机把一男青年送到指定地点后,对方掏出尖刀逼她把钱都交出来,她害怕地交给歹徒300元钱说:"今天就挣这么点儿,要嫌少就把零钱也给你吧。"说完又拿出20元找零用的钱。见这个出租车司机这么爽快,歹徒有些发愣。女司机趁机说:"你家在哪儿住?我送你回家吧。这么晚了,家人该等着急了。"

这个歹徒见司机是个女子又不反抗,便把刀收了起来,让女司机把他送到火车站去。女司机见气氛缓和,就不失时机地启发歹徒:"我家里原来也非常困难,咱又没啥技术,后来就跟人家学开车,干起这一行了。虽然挣钱不算多,可日子过得也不错。何况自食其力,穷点儿谁还能笑话我不成!"

见歹徒沉默不语,她继续说:"唉,男子汉四肢健全,干点儿啥都差不了，走上这条路一辈子就毁了。"火车站到了，见歹徒要下车，这女司机又说："我的钱就算帮助你的，用它干点儿小买卖。"

一直不说话的歹徒听罢突然哭了，把320元钱往她的手里一塞说："大姐，我以后饿死也不干这事了。"

女司机在被抢劫的整个过程中一直站在歹徒的立场上，为歹徒考虑，最终打动了歹徒，达到了说服对方的目的。

如果你在交际时话语中的意思都是为别人考虑，别人又怎能不感动？又怎能不被你打动呢？

任何人都可以培养起了解他人的能力，只要他能自如地掌握有关技巧。最重要的一点，是使对方和自己同时发展这一力量，即能看透对方内心的力量。比如说，当对方遵照你的意见做事而觉得疲惫不堪，因此和你发牢骚、抱怨的时候，如果你能够提前洞悉对方的内心，当对方的情绪出现变化时，及时进行疏导，对方就不会发牢骚。当人们的精神上感觉疲倦时，只有两个原因，一是他在做不想做的事；二是他不能做想做的事情。如果你了解这一点，便能帮助这些精神上疲倦的人从精神的桎梏中解脱出来。

一位心理医生，当附近的人们遭遇困难时，经常通过电话向他诉说，并请他给建议。他说："每当电话一响，我就尽快拿起话筒。我这样做是有心理学的依据的。因为大部分的人如果有问题要问我，都会有点儿害怕，害怕打扰我，破坏我日常生活的宁静，所以他们在拨电话号码时心里已经感到不安了。倘若此时我接电话的时间长一点儿，他们会更不安，如果我立刻拿起电话，往往就在这一刹那间，便能消除他们的不安。也许打电话的人并没有很明显地意识到这一点。但是当电话立刻接通后，我相信他们一定会比较安心的。"

感情的移入使这位心理医生受到众人的喜爱和尊敬。你不妨注意一下，尤其当你与职位高的人接触时，或对别人有所请求时，你便能体会到这位心理医生所说的话。当对方情绪不佳或正在发脾气时，利用感情移入的方法最为有效。因为对方正经历着某种痛苦。因此他会迫切需要缓解这种压力。无论有意识还是无意识，世界上所有的人都希望能够避免不安。不安是心灵最痛苦的经历，因此，每个人都希望能尽全力逃避它。

在这个世界上，可以造成奇迹的最大力量就是你的心。如果心中没有引发事物的欲望，则这个世界上任何事情都不可能发生，也不会发生。你应该思考一下你的心与开拓成功之路的计划究竟是什么关系。

心当然包括态度在内，态度可以决定一个人的行为，而行为的结果，不是成功就是失败。因此，每一个人都必须明确地表示他自己以及他对别人所应采取的态度。

很多人请教律师，总是认为自己是绝对正确的，他们花费很多时间要律师也相信他们的观点正确无误，说只要按照他的观点和方法，诉讼就一定会胜利。他们将自己的观点投射到每件事上，事实上这些观点可能有片面性。这是人类正常的心理弱点。但如果能承认这种片面，倒可以心胸开阔，拓展人生经验。只要人正视自己的片面倾向，经验范围就能扩大。商人出于生意的需要，常常修正每样事情，将期望投射到他想要解释的方面，他们喜欢透过有色眼镜歪曲外在世界，特别是同行的商品。

问题常发生在个人的概念中，形成一定的形式和结构。因此人应该随问题自主的变化而采取不同的解释方法。例如，某个化学问题，归纳到不同的化学公式，解答的方法也就有所不同。因此，以不同的方式看问题，你就会拥有新的说服力。

情感比理智更重要

在需要说服他人的时候,可能我们说得口干舌燥,甚至歇斯底里也达不到想得到的结果,这并不一定是我们的语言缺乏说服力,还有一个因素是我们有没有掌握沟通的时机,即对方的心情处在什么状态。因为一个人心情的好坏会直接影响他的行为。这就是心理学上的好心情效应。

心理学家为此设计了一个实验,证明心情的好坏对人的行为的影响。实验分两种情况进行,一种情况是实验者在人们使用公用电话之前在电话亭中放入十美分硬币,另一种情况是没有在电话亭里放钱。当来电话亭里打电话的人打完电话,从电话亭里出来的时候,实验者抱着一堆书籍之类的东西从他们跟前走过,而且故意让书掉到地上。实验者观察在这两种情况下,帮助他捡起掉在地上的书本的人数是否会有差别。

结果显示,在第一种情况下,也就是在电话亭里捡到钱的人当中,有90%以上的人帮实验者捡起了书;在第二种情况下,即没有在电话亭里捡到钱的人当中,只有5%的人帮忙捡起了掉在地上的书本。

可见,被试者在捡到钱,心情愉悦的情况下更愿意帮助他人。对于说服来说同样适用,人们在心情好的时候,更容易接受他人的说服性观点。

心理学家贾尼斯和他的同事在一项研究中让一些被试者阅读一些说服性信息,其中一些被试者在阅读的时候可以享受花生和可乐——可以让其心情好,而另一些被试者则是单纯地阅读。结果前一组被试者会更容易地被这些说服性信息所说服。

类似地,心理学家加利佐和亨德里克发现,当肯特州立大学的学生听着令人愉快的吉他伴奏的民歌时,比听无伴奏的民歌更容易接受别人的观点。

好心情之所以可以增强说服力,一方面是它有利于个体进行积极地思考,另一方面是因为它与说服信息相互关联。当人们有好心情的时候,他们会觉得这个世界的所有东西都是美好的,他们会更快做出决定,而且做决定时也更冲动,更多地依赖外围线索;相反,心情不好的人在做决定之前会更多地反复考虑,所以他们很难被无力的论据动摇。所以说,有时候情感比理智更重要——当你在说服一个人的时候,如果你的论据不够有力的话,你最好先设法使对方有一个好心情,然后他们才有可能不假思索地对你的信息产生好感。

即使是面对最棘手、最敏感的问题,当选择对方心情好的时候与他沟通,通常很容易与对方建立一个积极和谐的交流情境,获得对方的理解。因此,我们与人沟通、说服对方的机会很多,要学会利用好心情效应,找到与对方沟通的最佳时机,以达到出奇制胜的沟通效果。

迂回说服,最终达到我们想要的目的

在说服他人的过程中,有时有些话不能直接说,即便说了也不一定能够达到目的,甚至有可能引起对方的反感。这个时候,最适于使用迂回说服的方法。

战国时期,墨子听说公输般给楚国制造了攻城用的云梯并打算去攻打宋国,就急忙从鲁国动身,日夜兼程,风尘仆仆地赶到了郢都。他打算通过劝说公输般,阻止这场战争。尽管公输般不高兴,墨子还是巧妙地设喻来劝说,并从道义上说服了公输般。可是公输般因为已答应了楚王,所以无法停止攻宋。

于是,墨子就去拜见楚王说:"有这样一个人,放着自己彩饰的漂亮车子不坐,看见邻居家有辆破车就想去偷;放着自己绣花绸缎的衣裳不穿,看见邻居家有件粗布短袄就想去偷;放着自己的白米肥肉不吃,看见邻居有点儿糟糠就想去偷。大王您看这个人是怎么回事呀?"楚王笑着说:"他一定是害了偷窃病了。"墨子说:"楚国有方圆5000里的土地。宋国只有500里方圆,这就好像彩饰的漂亮车子同破车,楚国有云梦这样的好地方,里面有数不尽的珍奇,长江、汉水里的鱼、鳖、鼋多得天下无双,而宋国却穷得连野鸡、兔子、鲫鱼都没有,这就好像白米肥肉同糟糠。楚国有高大名贵的木材,宋国却没有什么大树,这不就如同绣花绸缎的衣裳和粗布短袄一样吗?所以我认为大王要攻打宋国,正如这个害偷窃病的人一样。"楚王听后从道理上接受了。但一转念,他想公输般已经造好了云梯,还是想要攻打宋国。

墨子也看出来了,他们在道理上明白了自己的不对,但又不肯作罢,于是墨子用自己的技能同公输般进行了一番较量。

墨子解下带子,围起来当一座城,用木片当器械。公输般接连九次用了不同的攻城方法,墨子九次挡住了他。公输般攻城的器械都用光了,墨子守城的器物还有余。在这种情况下,公输般想出一个不可告人的坏主意——杀死墨子,这样就不会有人阻挠他了。其实墨子早已料到这点,到楚国来的同时就已让学生禽滑厘等300人,拿着防守器械在宋国的城上做好了抵御楚国入侵的准备。在这种情况下,楚王只好放弃了攻打宋国的打算。

墨子用恰切的比喻，巧妙而尖锐地指责了楚王攻宋的可耻、可笑，并以自己的实力压倒对方，迫使楚王"请无攻宋"。墨子以迂回的说服方法制止了这场战争，达到了阻止楚国攻打宋国的目的，实现了他"非攻"的主张。

美国一家公司想与印度军方谈一笔军火生意，但是经过数次谈判都没有成功。美方于是派出了公司的"金牌推销员"，亲自到印度洽谈这笔生意。

推销员到了印度之后，首先给印度军方的一位长官打电话，对于对方冷漠的态度，推销员毫不在意，只是说："我对将军十分仰慕，所以将专程到新德里拜访阁下。只要将军能给我一分钟的时间，我就心满意足了。"将军心想一分钟倒也无所谓，于是便勉强同意了他的请求。

双方一见面，将军便给对方来了个下马威："我很忙，没有时间听你推销。"

推销员似乎并不在意将军的冷若冰霜，而是非常诚恳地说："其实，我今天是专程来感谢将军的。"

"感谢我？"将军有些愣住了。

"是的，若不是将军的强硬拒绝，公司也不会派我来到印度，而我也就不会有这样一个幸运的机会，让我时隔三十多年后，又回到我的出生地。"

"出生地？这么说你是在印度出生的？"将军的好奇心被吊起来了。

"是的。"推销员微笑着说，"42年前，我出生在印度的新德里，那时我父亲是美国钢铁公司驻印度的代表。可以说我的童年是在大象的背上度过的，而印度便是我的第二故乡。"

听着推销员满含深情的回忆，将军的脸上也渐渐露出了微笑。捕捉到这一表情，推销员又不失时机地从口袋里拿出一张照片，递给将军：

"您看到这照片上的老人了吗?"

"这不是我们印度的圣雄甘地吗?"将军叫了起来。他又好奇地问:"和他在一起的这个孩子是谁?"

"那就是我啊!"推销员自豪地回答,"那时我才四岁。这张照片一直是我们家最珍贵的礼物。这次我来印度,还要代表全家拜谒圣雄甘地的陵墓。"

"您和您的家人对于圣雄甘地和印度人民的友好感情令我感动。"将军主动伸出手来,紧紧握住了推销员的手,"请允许我有这个荣幸邀您共进晚餐,表示对你和你家人的感谢!"

结果毋庸置疑,当晚餐结束时,将军便在合同上爽快地签下了自己的名字。

这个推销员真不愧为"金牌推销员",他那高超的说服技巧令人叹为观止。有人说他不是出生于印度,连同那张照片也是合成的。但这又有什么关系呢?重要的是他成功地说服了印度的将军,完成了自己的使命。而他之所以成功的最大诀窍就在于他并没有卖弄他那三寸不烂之舌,妄图说服对方,而是迂回曲折,巧妙地激发了将军的兴趣,从而诱导将军一步步走进了他的"圈套"。而这,正是他最令人叹服的高明之处。

反复刺激对方的信服点

水温升到99度时,还不是开水,其价值有限;若再添一把火,在99度的基础上再升高1度,水就会沸腾,可以用来发动机器、煮面等,获得潜在的经济效益。这最后的1度是水沸腾的关键因素,1度能使水发生质的变化，从液体变化为气体。在心理学中，人们把关键因素所引起的本质变化现象，称之为沸腾效应。

我们可以把说服对方的过程比作一锅水的烧开过程，而那令水沸腾的关键1度就是对方的信服点。只有通过不断添火加柴，为水加热，即反复刺激对方的信服点，才能产生沸腾效应，成功说服对方。

有一对夫妻去看房子，由于妻子很喜欢游泳池，先生在去之前告诫太太说："你不要让业务员知道你喜欢什么，以免我们不容易杀价。"但看房的时候，妻子不经意间就流露出了对游泳池的特殊喜爱，这点被细心的业务员看在了眼里。看了几套房子后，先生都不太满意，于是说："啊，这房子漏水。"业务员假装没有听到，对太太说："太太你看看后面有这么漂亮的游泳池。"先生又说："这个房子好像那里要整修。"业务员只顾着跟太太说："太太，你看看，从这个角度可以看到后面的游泳池。"

业务员不断地说这个游泳池的事，最后太太说："对！对！对！游泳池！买这个房子最重要的就是这个游泳池！"于是这对夫妻就买下了这套房子。

妻子喜欢游泳池，这就是她的信服点，业务员所利用的正是这一点。对对方信服点进行反复刺激，说服对方就会变得容易起来。

有时候会碰上天生的顽固派，他们很难被任何事情打动，也习惯于拒绝那些想要说服自己的人。对于这样的人，强迫他接受自己的观点是不可能的，先从他认可的地方着手，先让他说"是"，然后再慢慢将对方引入你的话题，让对方在"是"的基础上同意。这也是刺激对方信服点的一个方法。

阿立森是一位电器公司的推销员，在他负责的区域里有一个固执的李姓工程师，该电器公司很想卖东西给他。但是，阿立森的前任找他谈了十年却一点儿结果也没有。当阿立森接手这个区域时，一连去找了他三年，都拿不到订单。最后，在13年的拜访和谈话之后，这个人买了几个发动机。然而，阿立森深信，如果那些发动机不出毛病的话，他会填下一张几百个发动机的订单，他对自己公司的产品很有信心。

三个星期之后，当阿立森再次兴致勃勃地去拜访这位工程师的时候，工程师以一段惊人的话跟他打招呼道："对不起，阿立森，我不能向你买其余的发动机了。"

"为什么？"阿立森惊讶地问。

"因为你的发动机太热了，我的手不能放上去。"工程师说道。

阿立森知道与他争辩不会有什么好处，于是这样说道："嗯，听我说，李先生，我百分之百地同意你。如果那些发动机太热了，你就不应该买。你的发动机热度不应该超过全国电器制造商公会所立下的标准，不是吗？"

工程师同意地说："是的。"

"电器制造商公会的规定是：设计的发动机可以比室内温度高出22度，对不对呢？"阿立森又问道。

"是的。"工程师同意，"的确是的，但你的发动机热多了。"

阿立森没有跟他争辩，只是问："厂房有多热呢？"

"嗯，大约24度。"工程师说。

阿立森回答道："那么，如果厂房是24度，加上22度，总共就等于46度。如果你把手放在46度的热水塞门下面，是不是很烫手呢？"

工程师不得不说："是的。"

"那么，不把手放在发动机上面，不是一个好办法吗？"阿立森提议说。

"嗯，我想你说得对。"工程师承认说。

— 067 —

他们继续聊了一会儿,接着工程师叫他的秘书过来,为下个月开了一张价值24万元的订单。

有人说,"你要是证明给我看,我就信"。这个证明,便是对方的信服点。所以,抓住对方所相信的东西,说服便会自然而然实现。

让对方变被动接受为主动反思

劝说别人,其实并不是件容易的事,你全心全意地帮他分析,他只是表面附和,并没有就你所提出的意见或建议做更深一层的剖析,所以他只是被动地接受。如果你换一种说法,从例子中引出他的反思,这样劝说的效果可能更好。以下几点我们可以借鉴。

1. 理在情中

感情是人与人之间联系的纽带,故而它在人际关系中的作用至关重要。同样,在说服别人时,更要"晓之以理,动之以情"。有时对方并非对道理本身不接受,而是与讲道理的人合不来。这时讲道理的人要善于引起对方在感情上的认同,时刻注意反省自己有无令对方反感的地方,及时克服和纠正。尤其当对方产生抵触心理时,更要以诚相待,在理解、尊重、关心的基础上,再讲道理。

一家旅行社的导游阿美在陪同客人游览时,客人中有几位照相迷,每到一处,照起相来没完没了。阿美不好对客人硬性规定时间,便说:"朋友们,中国幅员广阔,名胜颇多,佳景处处,美丽无比,再好的相机,再多的胶卷,也不会使您满意的。我认为最好的照相机就是您自己的一双勤快的眼睛;用不完的胶卷是自己的头脑。只有它们,才能从这儿带走真正完美的记忆。"

这番话是阿美针对一些客人"让我们多拍几张照片"而谈的。她的暗示入情入理，语言优美，巧妙地催促了客人，并且达到了让客人理解的目的。

2. 以事喻理

单纯地讲道理，未免显得有些空洞，但以事喻理就使说服的内容具有真实性、可信性。用事实充实大道理，还可以避免说大话、空话，使理论与实际有效地结合起来。

例如，父亲对刚在官场中站稳脚跟的儿子说，古人云"常在河边走，哪有不湿鞋"。你初涉宦海可能还意识不到这一点，但时间长了，就会有人来托你办事，给你送礼，那时，你千万要把握好分寸，不可成为像和珅那样贪赃枉法的昏官啊！

3. 举例反诘

卡耐基说，要想说服别人，最好的方法就是举出例证。它远比抽象的论证要有更大的说服力。特别对于那些完全肯定或完全否定的命题，或者类似主观的臆断、论断，只要举出一个相反的、个别的例子，这些命题、论题就不攻自破了。

有一次，拿破仑对他的秘书说："布里昂，你知道吗，你也将永垂不朽了。"

布里昂不解拿破仑的意思，拿破仑解释说："你不是我的秘书吗？"

布里昂笑了笑说："请问，亚历山大的秘书是谁？"

拿破仑答不上来，他赞扬道："问得好！"

看来布里昂并不寄希望于依靠名人扬名，但仍不忘作为秘书对主帅的尊重，所以采用表面请教的方式，表达反诘："请问，亚历山大的秘书是谁？"这是直接反驳论点，证明了大前提的虚假。大前提不真实，那结论就不攻自破了。

4. 以小见大

芸芸众生,每个人的思想都不尽相同。即使是同一种思想,每个人认识事物的角度、领悟事物真谛的层次也千差万别。所以,在说服别人时讲道理也应有层次。少了层次,一下子跨越几个台阶,会让人感到道理太过抽象,接受不了。我们应擅长于小事情中讲大道理,于周围事情中讲远道理,于浅显事情中挖掘深道理。

例如,妻子对衣衫不整的丈夫说:"有句话说得很有道理:'一屋不扫,何以扫天下?'你连自己的穿戴都不能理好,又怎能去解决各种事情?你工作忙,时间紧,我也能理解,但出门之前把衣物整理好又花不了你多少时间。而且,你这样出门,别人会以小见大,看到你生活没有条理,便会想到你的工作会不会也是这样?"

5. 点到为止

以符合对方的"口味"为出发点,把道理讲得绘声绘色。美妙的语言是大道理磁石般的外壳,它能吸引听众去深入理解其内涵。

啰唆的话往往令人反感,但有些人恐怕对方听不懂,翻来覆去地讲同一个道理,结果适得其反。所以,我们应因人而异,针对实际把握要讲的内容,该讲的一定要"点到",同时又要注意留下充分思考的时间,让对方去领悟、消化。

6. 借助外力

我们非常在乎别人对我们的感受,所以通过第三者佯装无意间转述你对他人的某种意见,往往可以收到意想不到的劝说效果。

某丈夫经常泡在麻将桌上,妻子多次劝说都无济于事。一次,妻子在一个同事家诉苦说:"我家那位什么都好,就是玩心太大,整天垒长城(麻将),真拿他没辙。"后来此话传入该丈夫的耳朵里,他的行为大为收敛。

应用这种劝说方法应该注意的是，在对人做出肯定性评价的同时提出某种希望，这样对方才会认为你的话是客观的，否则只数落缺点而不提及长处，反而有在背后搬长弄短之嫌。

7. 先赞美后"将军"

我国援建B国一大型运动场遇到了停电的困扰，难以按期完工。工程队负责外事的张吉女士便找到该国电力委员会经理，谁知对方百般推诿。

碰钉子后张吉决定智取，她先设宴款待这位经理，不断以外交辞令夸赞他"颇有才干"，感谢他对我方的支持与合作。正当对方喜不自禁时，她话锋一转，以调侃的语调说："经理先生，您是这个项目的总负责人。我们如果不能按期完工，虽然经济上受损失，可是对您的影响恐怕更大了。贵国运动会不能如期召开，那么，您头上的乌纱帽没准也会被拿掉呢！"此言在软硬夹攻中点明了要害，立即引起了对方的重视。

经理只得笑道："不会误期的，不会。"

工地很快就恢复了供电。

张吉打动对方的，正是用先赞美后将对方一军的套路，从而显示出话语的分量来，对方不得不加以重视。

第四章
占据主动：让对方死心塌地顺从你

无论做任何事情，把主动权掌握在自己手中，获得成功或胜利的概率就会大大增加，博弈高手在与他人"交锋"中，即便外部因素对自己不利，但他也会从对方的心理变化中抓住机会，从而掌控对方的心理，让对方心服口服。

运用"登门槛效应"让对方为你效力

在1984年的东京国际马拉松邀请赛上,原本名不见经传的日本选手山田本一出人意料地夺得了冠军。当记者问他为什么会取得如此惊人的成绩时,他答道:凭智慧战胜对手。

当时,许多人都觉得这个偶然获得冠军的矮个子选手只是在故弄玄虚罢了。众所周知,马拉松比赛拼的是体力和耐力,只要拥有良好的身体素质和耐力就有可能夺冠,连爆发力和速度这些条件都在其次,更别说是用智慧战胜对手了。

两年后,意大利北部城市米兰再次举行国际马拉松邀请赛,山田本一代表日本参赛,再次夺得冠军。于是记者们又请他谈夺冠经验。

而山田本一的回答仍然是"用智慧战胜对手"。这一次,记者并没有在报纸上再挖苦他,然而对他所谓的"智慧"仍是迷惑不解。

十年后,谜底终于解开了。山田本一在他的自传中说:每次比赛开始之前,我总要乘车将比赛线路仔细看一遍,并且将沿途比较醒目的标志记下来,例如第一个标志是一间银行,第二个标志是一棵大树,第三个标志是一座红色的房子……这样一直记录到赛程的终点。比赛时,我以跑百米的速度冲向第一个目标,然后再从第一个目标开始,以同样的速度冲向第二个目标。这样,四十多公里的赛程就被我分解成几个小目标而轻而易举地跑完了。刚开始，我并不懂这个道理，我把目标定在终点线上的那面旗帜上，结果跑到十几公里就已经疲惫不堪，并且被前面剩下的那段遥远路程吓倒了。

山田本一获胜的秘诀就缘于一种"登门槛效应"的心理。很多研究都表明了"登门槛效应"的存在。加拿大心理学家经过研究发现：如果直接提出要求，有46%的多伦多居民甘愿为癌症学会捐款；而如果分两步提出要求，即前一天先请居民们佩戴一个宣传纪念章，第二天再请他们捐款，则有近90%的居民愿意捐款，也就是说，愿意捐款的人数几乎增加了一倍。

1966年美国社会心理学家弗里德曼和助手对"登门槛效应"进行证实。

首先，弗里德曼派一位助手去登门拜访一组家庭主妇，声称他正在为"安全驾驶委员会"工作，希望得到主妇们对这一运动的支持，请她们帮一个小忙：在一份呼吁安全驾驶的请愿书上签名。多数主妇认为这是一个利人利己的事，而且签个名也并不麻烦，所以，大多数主妇都爽快地签了名，只有个别人拒绝了。

过了几天，弗里德曼又派这个助手去登门拜访一组家庭主妇，不过，这次他除了拜访第一组家庭主妇之外，还拜访了一些以前从未拜访过的家庭主妇。助手这次带的是一个写着"谨慎驾驶"四个字的大招牌，他的任务是请求那些家庭主妇们把这块牌子竖立在她们各自的庭院里。

这个招牌看起来很笨拙，竖立在庭院里显得有些不协调。此次要求显然有那么一点点过分，那些被拜访的家庭主妇们究竟是会答应，还是会拒绝呢？

最终的结果是：那些曾经同意在请愿书上签名（一个小要求）的家

庭主妇中，有55%的人接受了在自己庭院里竖这块牌子（一个大要求）的要求；而在那些从未被访问的家庭主妇中，只有17%的人勉强接受了该项要求。

其实，日常生活中也经常出现这种现象。在你需要别人的帮助时，如果你一开始就提出较高的要求，则往往容易被拒绝；而倘若你先提出较低的要求，被对方接受后再去适当提高要求，则成功的概率就会很高，这种现象就是被心理学家定义的"登门槛效应"。

心理学家告诉我们，"登门槛效应"之所以能够存在，是因为从心理学上讲，每个意志行动都有最初目标。多数情况下，由于人的动机很复杂，因此人们总会面临各种不同目标的比较、权衡和选择，在情况相同的情况下，那些简单容易的目标往往较容易被人接受。也就是说，当别人提出一个看起来有些"微不足道"的要求时，人们往往可以在心理上予以接受，或有时出于"无大碍，近人情"的考虑而不好意思断然拒绝。可是，一旦接受这个"微不足道"的要求后，就好比一只脚跨进门槛里，陷入了进退两难的境地。通常情况下，人们还会有这种思想：一只脚都进去了，又何必在乎整个身子都进去呢？因此说，一旦人们跨进这种心理上的门槛，就不会轻易做出抽身后退的举动。再加上由于后来的更高的要求同之前的小要求有了继承关系，而之前的一系列小要求的被接受使得人们已逐渐适应这种有承接关系的要求，使得人们的心理失去了戒备，从而降低了可能出现的心理判断和对抗。不断接受和服从后，人们便会忽视对方逐渐提高的要求已经大大偏离自己的初衷这一事实；另外，每一个人都希望给别人留下一个前后一致的好印象，不希望别人把自己看作"喜怒无常"的人，因而在接受了别人第一个小要求之后，面对第二个更大的要求时，如果这种要求给自己造成的损失并不大的话，往往会有一种"反正都已经帮了，再帮一次又何妨"的心理，于是"登门槛效应"就发生作用了。

因此，利用"登门槛效应"能够让你一点一点地获得他人的全力支持。

一件小事也能让你在对方心中分量倍增

小敏和丽丽是一对闺中密友，两人从小一起长大，感情不错。而且，她们对待金钱、对待人生的态度，都非常一致。

情人节那天，两人的男友同时给她俩送来了玫瑰花。让人大跌眼镜的是，面对同样的玫瑰，小敏和丽丽的反应却大相径庭。面对男友递过来的玫瑰，小敏表现出的不仅仅是欣喜若狂，她的眼中，还闪烁着一种种受到被呵护、被关爱的极度甜蜜。

相比之下，丽丽的反应则平静得多。面对那束娇艳欲滴的红玫瑰，丽丽浅浅一笑，就把它接了过来，眼里没有流露出感动与兴奋的神情。当被问到"情人节收到火红火红的玫瑰，觉不觉得很感动"时，丽丽回答说："其实没什么，我知道不少人收的是'蓝色妖姬'（价格更昂贵的蓝玫瑰）呢！"

为什么面对同样的玫瑰，小敏和丽丽的反应会出现如此大的反差呢？是丽丽不够爱她的男友，还是她变虚荣了，变得更看重金钱和物质？又或者是，丽丽的男友表现得不够真诚？不然，就是小敏故意夸张地表现了自己的情绪？

其实都不是。之所以会产生这两种不同的结果，主要是因为，丽丽的男友在情人节前的那两个月，每个周末都会送丽丽一束玫瑰花，而小敏的男友从来没有送过玫瑰花给她。

丽丽和小敏的反应都是非常正常的，它印证了一个社会心理学效应——贝勃定律。

贝勃定律说的是，当人经历过强烈的刺激后，之后施予的刺激对他来说也就变得微不足道了。

很明显，如果丽丽的男友不是一直都有送玫瑰花给对方的习惯，那么在情人节那天，丽丽的反应就会和小敏一样，喜极而泣。

生活中这种现象也很常见，同时也非常好理解。孩子原本有一块钱，你再给他一块，他会感到非常高兴，假如他有100元，你再给他一块，他就绝对不稀罕了。原本三元一斤的鸡蛋每斤涨了三元，你会觉得非常难以接受，可是如果30元一斤的茶叶，每斤涨了三元呢？

所以，想要让一件小事在对方的心里变得非常有分量，就要谨慎地选择这件"小事"，选择对方没有感受过的或很少感受的"刺激"去刺激对方，才可能有成效。想要别人追随你，就要做别人很少做的事，积累稀缺的"品德"，如此才能让众人对你刮目相看。

古时候，有个诈骗犯出狱之后，处处受人抵制，很多雇主对他更是诸多防备。他总是在不断找工作、不断被辞退，自己对自己也总是充满怀疑。一次，他的新雇主告诉他有重大的事情要他办，并要求他把一封信尽快送给对方。他告诉雇主他曾经入狱，雇主并没有说什么，只让他快去快回，很多人都怀疑他会半途跑掉（赖掉薪水）。但这个人并没有辜负雇主的期望，以最快的速度把消息传递了出去，并把应对之策带给了雇主。后来，这个人终生都在那个雇主身边做事，不断被委以重任。人们都问雇主当初为什么要一个犯过罪的人做一件事关重大的机密要事，雇主只说"因为犯过罪的人更希望得到别人的信任"。

给人恩惠也一样，一定要给到别人的心坎里。比如，对于某些薪水微薄的人来说,给他涨点儿工资,对方就会兴高采烈地加班,而对于那些年薪几十万的白领来说,加薪这种手段是不足以刺激他的,加得少了,对方不感兴趣;加得多了,自己承受不了。这就是差别,面对的人不同就要找出可以刺激他们的不同方式,这样你为他们所做的每一件小事才能被他们记住并感激。

豫让是春秋时期的晋国人,他先是范氏的家臣,后来又投靠了中行氏,两个人都对他奖赏有加,但是却并没有重用他,直到他成为智伯的家臣才受到重用。智伯非常尊重他,和他的关系也非常密切。后来智伯遭到赵襄子的杀害,豫让几次三番不惜残害自身为智伯报仇。赵襄子问他:"为什么原来追随中行君,中行君被智伯杀害,你却归顺他;而我杀了智伯,你却要刺杀我呢?"豫让回答:"因为智伯拿朝士的礼节待我,所以我要用朝士的礼节对他效忠。"

"士为知己者死",豫让这样的壮士,最在乎的是能否被重用,而不是物质上的激励,所以,他会为尊重他、懂他的人卖命。

让对方说"是",你就掌握了主动权

爱伯逊是纽约银行的一名出纳员,一天一位大客户来银行存款。爱伯逊一边与对方聊一边指导客户如何填写申请表。其间,他发现申请表格中,有些项目客户马上就填好了,可是有的项目客户拒绝填写。

这种情况让爱伯逊感到为难,如果是在以前,他会说:"先生,请您完整填写这份申请表,否则银行会对您的存款业务不予办理!"

可是爱伯逊不想失去这位顾客,那就要想点儿办法留住他才行。于是，他想办法让对方说"是"。

爱伯逊避开银行的要求不谈，而是谈客户应该关心的。因此，爱伯逊说："其实我也觉得没必要填写这么多内容，但是您想过没有，如果出了什么意外，您有钱存在银行里，您是不是愿意让银行把存款转交给您最亲密的人？"

客户马上回答："是的，我当然愿意。"

爱伯逊接着说："那么，如果您不填写您最亲近的人的资料，一旦出了什么意外，我们怎么处理您的钱呢？所以，您应该把您最亲近的亲属的资料填在这份表格上，如果出现什么情况，我们会把这笔钱移交给他。"

客户说："是的，这是个不错的办法。"

最后，这位客户不但把所有情况都填在表格上，而且还接受了爱伯逊的建议，用他母亲的名义开了个信托账户，有关他母亲的具体情况，他也详细填在相关表格上。客户态度转变的原因，是他觉得填写这份表格完全是为他的利益着想的。

关键时刻，爱伯逊显示出他聪明的一面。他改变了交谈方式，告诉对方填写剩余信息的好处，让对方顺着自己的思路说"是"。通过让对方说"是"，爱伯逊与客户之间减少了不必要的争论，对方还愉快地接受了他的建议。

让对方说"是"，是一种说话的艺术，如果你学会了这种艺术，你将终身获益。当一个人在说话时，如果一开始引导他来说"是"，那么他已经在内心深处有了肯定的一面。这时候内心的抵抗和戒备就会完全放松，交流起来的气氛也会融洽很多，对方也容易放弃自己原来的偏见，转而同意对方的意见。以下两点，我们在与人交往中可以借鉴。

1. 说对要说的话

卡耐基曾经说过，天下只有一种方法可以让任何人去做任何事，那就是让他自己想去做这件事。而让他自己想去做这件事，唯一的方法是让他认为你说的是对的，让他认为他是在遵循对的东西。

比如说，你喜欢朋友的某个物件，又不想直接表达自己的想法。这个时候，你可以这样做，先装着无意拿起它看了看，丢在一边，说："你平时是一个非常爱干净的人，把屋子收拾得一尘不染。刚才我在它上面发现了灰尘。看来，它在你的生活中并没有存在的意义呀。"朋友可能微微一笑或把话题转移到其他地方。

这时，你再次拿起刚才的那个东西，对着它哈一口气，然后认真擦拭，边擦边说："要是我，就把它当成宝贝，天天放在最显眼的地方。你能忍痛割爱吗？"当你说到这里，朋友可能会说："我的确不怎么喜欢它，你要是喜欢就拿去吧。"这样，你便拥有了它。

如果你直接张口向朋友要，朋友会产生逆反心理，可能不给你，即便给你了，心里也不舒服。当你用委婉的语言进行表达时，朋友的确觉得它对自己来说是可有可无的东西，对方会毫不留恋地送给你，这样在朋友看来，你欠他一个人情。

比如说一个顾客拿着一件商品舍不得放下，这时销售人员就不应问顾客喜不喜欢、想不想买这样给顾客选择性的提问。因为你问顾客"想不想买""喜不喜欢"时，顾客可能就会回答"不"。因此，在这个时候你一定要明白一点，顾客拿着那件商品，一定是他喜欢的，所以你应该问："你一定很喜欢，是吧？"这时顾客肯定回答"是"。因为你说的是对的，他拿着的那件商品确实是他所喜欢的。

2. 给对方创造说"是"的氛围

奥佛斯屈教授在他的《影响人类的行为》一书中说："当一个人说

'不'时,他所有的人格尊严都已经行动起来,要求把'不'坚持到底。事后他也许会觉得这个'不'说错了,但是他必须考虑到宝贵的自尊心而坚持说下去。因此,让对方采取肯定的态度,是一件特别重要的事。"由此可知,在和对方交流时,要避免产生让对方说"不"的气氛,一定要创造出让对方说"是"的气氛。比方说,在和对方聊天的时候,我们应该把自己置于"是"这一情景之中,将对方可能采取的反对意见铭记于心,同时,还应牢记我们所熟知的对方的观点。你还可以运用肢体语言,当你在问别人"是这样吧?""一定是吧?"等让对方回答"是"的问句后,你一定要先给对方制造一个说"是"的氛围。

出其不意让对方从心理上趋于被动

这是发生在日本的一件事情。

有一次,一位强盗闯入了日本作家曾野绫子先生的家,并对他说:"拿出钱来!"冷不防听到此话的曾野先生,按捺住内心的恐惧,平静地说了句:"你要多少,请尽管拿走。"

根据犯罪心理学专家分析,遇到这种情况大声喊叫或逃跑,都是罪犯早已料到的反应,正中其下怀。这样的话,小偷会变得更加大胆。

但是,当对方出乎小偷的意料没有显示出害怕时,小偷反而会陷入不安。"此人怎么不怕呢?一定有原因吧?附近是不是住着与警察有关的人?"小偷开始揣测起来。

听说当时闯入曾野先生家的强盗,就因其出乎意料的反应而感到畏惧,最后被吓跑了。

陈平在当初投奔汉王刘邦的时候，也曾发生过一宗险事。

陈平当时偷渡黄河去投奔刘邦，他赶到河边，轻声叫来一艘渡船。只见船上有四五个人，都是粗蛮大汉，脸上露出凶相。顿时陈平觉察到，上这条船有些不妙，但又没别的去路。他担心延误了时间，楚兵会很快追上来，只好上了船。

船只慢慢离开了岸，陈平总算松了口气，但他同时观察到，船上这几个人正窃窃私语，相互递着眼色，流露出不怀好意的神情。

"看来是个大官，偷跑出来的。"

"估计他怀里一定有不少珍宝和钱，嘿嘿。"

坐在舱内的陈平听到船尾两个人这样低声议论，并发出阴险的笑声时，不免有些紧张。心想："他们要谋财害命！我虽然身上没有什么财物和珍宝，只是一个人、一把剑，肯定敌不过他们。如何才能摆脱目前危险的困境呢？"

这时船到了河中央，速度明显地减缓了。

"他们要下手了，怎么办？"陈平终于想出了一个计策。

他从船内站起来，走出船舱说："舱内好闷热啊！热得我都快要出汗了。"陈平边说边若无其事地摘下宝剑，脱掉大衣，倚放在船舷上，并伸手帮他们摇船。

这一举动，出乎他们的预料，一时之间，他们不知道该怎么办才好。陈平很用力地摇船。过了一会儿，他又说："天闷热，看来要下一场大雨了。"说着，又脱下一件上衣，放在那件外衣之上。过了一会儿，他再脱下一件。最后，他索性脱光了上衣，赤着身子，帮他们摇船。

船上的那几个人，见到陈平没有什么财物可图，就此打消了谋害他的念头，很快把船划到了对岸。

从心理学方面分析，这是因为如果对方的言行正如自己所料，则会保持一颗平常心；如果出乎自己所料，便会立刻陷入不安之中。也就是说，如果自己的经验不灵了，便失去了洞察对方心理的优越感。比如在与小孩接触时，如果你批评本想着得到表扬而跑过来的小孩，或反之，表扬原以为要挨批的孩子，他们顿时会用充满不安的目光观察你。

用这种方式教育小孩绝不是个好办法。不过，在成人社会中，必要的时候不妨试着用一下这种手法，因为这样做有助于你在与对方的心理博弈中占据主动位置。

有一届香港小姐竞选决赛时，为了考察参赛小姐谈吐应对的能力，考官问参赛的陈小姐："陈小姐，请问，假如要你在下面这两个人中选择其中一个作为你的终身伴侣，你会选择谁呢？这两个人一个是肖邦，另一个是希特勒！"

问题并不复杂，不过，如果回答说选肖邦，便会落入俗套；而说选希特勒，又难免会遭人骂，因为要是选一个杀人魔王做自己的终身伴侣的话，岂非同流合污？可是这两个人中又必须选择一个，这就把陈小姐逼入了困境。

思忖片刻，只见陈小姐说："我会选择希特勒的。"台下观众顿时一片哗然，有人问她："你为什么要选择希特勒？"她回答得很巧妙："我希望自己能感化希特勒。如果我嫁给希特勒，第二次世界大战肯定不会发生，也不会死那么多人了。"

面对考官的刁难，一般人都会陷入"山重水复疑无路"的困境，可是聪明的陈小姐避开从众意识，语惊四座。她的解释更是绝妙，出其不意，令考官折服，令在场的观众赞叹不已。

我们时常会在生活中遇到这样的事：有些亲朋好友或邻居找上门来向你诉苦，所说的都是柴米油盐等家庭琐事。有的夫妻吵架，一时间想不开，也会找上门来诉苦，嘴里说什么"没意思""我不想活了""这日子没法过了""我想和他离婚"之类的气话。

以前，隔壁有一位太太来找我诉苦，说她先生非常不像话，整天在外面乱来，对家庭也不太上心，末了还信誓旦旦地表示要与她先生离婚。

她本来很爱丈夫，丈夫也很爱她，他们是大家公认的幸福夫妻。只不过最近，丈夫的公司出了点儿事，因此没有像往常一样准时回家，她便四处向朋友和邻居诉苦，并放话说要与丈夫离婚。

我知道这是妇女们一贯的诉苦方式，所以不足为奇，为了节省时间不和她耗下去，我不仅没有正面劝她，也没有假惺惺地帮她谴责丈夫，而是装出很认真的样子告诉她：

"像这种没有责任感的男人，趁早离婚也好，免得将来受苦。"

我知道这样的说话方式会得到怎样的效果，果然，她听完我的话便愣住了，她本来以为我会像大家一样同情她的处境而劝她冷静、要理解丈夫，没有想到我会直接劝她和丈夫离婚，所以她没有再说什么，小坐了一会儿便回去了。

这事过后，她像变了个人似的，能够体谅人了。当然，他们夫妻之间的感情也越来越好。

先发制人，才能获得主导权

"先发制人，是攻击对方心理防线最有效的战术。"这是博弈高手非常推崇的一句话。

但事实上，并不是每一次的先下手都能取得好的结果。博弈高手认为，把这种主动攻击对方的心理战术做到运用自如不是一件容易的事情，也不是一天两天就能学会的，需要掌握一定的技巧，并且通过实战不断地积累经验才能得到最佳的效果。

1. 壮大气势，看低对手

人们在遇到困难的时候，往往会在潜意识里将困难的程度升级，导致原本并不难做的事情给自己带来巨大的心理压力，最后反而无法成功。很多时候，人们惧怕的并非困难本身，只是自己的恐惧心理而已。一个内心有惧怕情绪的人，其行动力会大打折扣，在 FBI 眼中，这便是很多人失败的根本原因。要想在博弈中掌握主导权，让自己成为掌控全场的人，首先就必须克服这种心理，让自己的内心充满自信，就算是虚张声势，也要让自己的气势强大起来。

在很多传统生活经验中，看低对手是一种很危险的行为，因为这会使人们轻敌，以至出现低级错误而导致最后的失败。提升自己和看低对手其实是相辅相成的，如果我们要将自己的自信心进一步扩大，就必须俯视对手，只是在"看低度"上要精准掌控。看低你的对手并不是对其不屑一顾，而是在了解他的情况之后发现他的不足，这是一种筹备好对策之后的坦然和自信。

1999 年，美国曾经爆出一个财务丑闻，有人向媒体举报 3.5 亿美元资金不明去向，政府将这一案件交给了警方，命其在短时间内一定要侦破此案。接到这项艰巨任务之后，警方很快展开了调查，并不断缩小范围，最后将目标锁定在一个叫作克里斯·哈特森的银行家身上。通过对哈特森的调查，警方发现他拥有调转资金的权力，并且是这个案件中最大的嫌疑人。在对其身份进一步调查之后，很多探员却头疼起来，因为哈特森不仅身家不菲，而且和美国国会高层有密切联系，诸多知名政治人物都是他的座上宾，与他保持着良好的私人关系。面对这样一个身份地位都较高，又拥有如此深厚的政治背景的人，普通势力很难与之抗衡。原本顺遂的调查进度忽然停滞下来，这引起了警方负责人的注意。当警方负责人了解到探员们停下脚步的原因之后，便非常严肃地告诉探员们："他的钱和背景并不能成为他无罪的理由，我们不能因此而放弃对他的调查。你们只有首先在心理上将他看低，才能有信心与他对抗，并找出事情的真相。"

受到鼓舞的警方探员迅速提审了哈特森，虽然他的态度无比傲慢，丝毫不将年轻的探员放在眼里，但在充足的证据面前，也不得不低下自己的头，承认参与了这一经济犯罪。

2. 拒绝对方的无理要求

社会交往的过程基本可以算是一个人们互相试探对方底线的过程，人们总会面对一些让人不能忍受的要求，而一味地顺从只会让你变成一个任人鱼肉的对象。要想在交往过程中变得主动，首先就需要提升自己的威信，而拒绝别人的无理要求是一种快速、有效地树立威信的方式。当一个人的无理要求获得满足的时候，他会认为自己获得成功并凌驾于他人之上；当他被拒绝的时候，他就会明白"此路不通"。

1999年，面对即将到来的千禧年，"千年虫"问题引发的恐慌导致了很多社会问题，FBI迅即展开了对这类事件的平息工作。在亚利桑那州，一群大学生在州政府办公楼前拉起了横幅示威，他们认为是州政府的不作为导致他们无法抗击"千年虫"的侵袭，要求州政府以数倍的价格赔偿自己的电脑。这个提议获得了很多市民的赞同，导致游行的队伍越来越壮大。

接到平息事态任务的FBI迅速来到州政府门口，约谈了当时作为领袖的几个大学生，询问他们到底有什么要求。当学生提出赔偿要求之后，FBI立刻严词拒绝，他们告诉学生："为了预防这类问题的出现，州政府已经做了很多防护工作，花了纳税人很多钱。普通民众不明白其中的道理也就罢了，你们是接受高等教育的大学生，居然也这么不明事理，实在令人失望。你们所提出的要求完全不在情理之中，州政府不可能答应，请你们谨慎规范自己的行为，如果再继续下去，有可能触及法律，要接受严正的审判。"

被拒绝的大学生认识到自己的行为已经触及到了州政府的底线，而他们所期望得到的结果是不可能出现的，于是人群的信心开始动摇，最后慢慢散去，一场差点儿演化成暴动的集会就这样被消解于无形之中。

掌握主导权是一场心理攻防战，在这个过程中，语言作为攻击的利器是不容忽视的，恰当地使用语言，可以营造出强势、自信、坚决的形象，可以给对方的心理造成威慑。

巧妙利用路径依赖原理，让他人始终选择你

路径依赖原理由诺贝尔经济学奖的获得者美国经济学家道格拉斯·诺斯提出，含义是人们一旦做出某种选择，就好比走上了一条不归之路，惯性的力量会使这一选择不断自我强化，并让人们不能够轻易走出去。

这一现象在生活中总能够不断得到验证。比如，你第一次选择在哪家服装店买衣服，就会一直去他家光顾，有时候即使明知道他家的并不是最好的，也总是习惯性地选择他家。你选择某个顶尖的品牌，就会不断拥有这个品牌的用品，所以很多人的生活用品都是成系列的。

所以，想要日后有人帮助你、追随你，就要让人们在一开始就信任

你、愿意追随你，这才是最好的办法。让别人愿意信任你的方法就是你自己有足够的能力。自己的选择第一次就是正确的，有一个好的开始就等于成功了一半。

孔子曰："少成若天性，习惯为之常。"意思是保持一种习惯就会形成一种天性，塑造一种好的习惯就等于向成功迈进了一步。在职业生涯中，一个人也无法摆脱这种路径依赖，所以一旦选择了自己某种做事的方法，比如"小事殷勤的做法"或者"奉迎上司、谄媚的做法"，我们的人生轨道就会变窄，以后就很难改变它了。一方面固然是因为我们自己难以改变，另一方面则是舆论的压力，人们会固守成见地认为你就是个"打杂的"或者"拍马屁的"，做出改变会让人们觉得你"虚伪善变"。

所以，唯一可以做的就是谨慎选择自己刚入职场的行事风格，然后不断坚持这种风格，并让人们认可和追随它。一旦别人接受、认可了你的这种行事和做人风格，决定追随和模仿你，那么他接下来就会不断按照自己的这个选择进行下去——或者与你友好，或者追随你，或者与你成为对手。只要让人们选择你、认定你，他们就会一直认定下去，甚至你有了自己的事业也会支持你。

要为自己铺设前程，就要谨慎开始自己的第一步，好的开始就是成功的一半。戴尔电脑是一个财富的神话，这个公司有"直接销售模式"和"市场细分方式"两大法宝，其实戴尔早在少年时代就建立了这两种行为方式。

他12岁时，因为想省钱，于是不再在拍卖会上卖邮票，而是说服一个喜欢集邮的邻居把邮票委托给他，然后在专业刊物上刊登自己卖邮票的广告。结果，第一次他就赚到了2000美元，尝到了"抛弃中间人"的甜头，于是他建立了"直接销售"这一行为模式。

开始做电脑生意时，戴尔发现顾客因为有不同的需求往往需要不同的电脑硬件，但是因为大部分经营电脑的人本身并不太懂电脑，无法为顾客提供技术支持，所以他又开辟了自己独特的行为模式：改装或者买零件组装电脑，根据顾客的直接要求提供不同功能的电脑。于是，"市场细分"的行为模式就诞生了。

这是一个人成功的行为模式。只要建立一个好的做事方法、一套正确而行之有效的行为方式，你就可能以最快的速度取得成功。而且，如果这种方法能够得到人们的认同和接受，人们也会不自觉地采用你的方法并且支持、追随你。一个人除了做事能力会出现这种情况以外，对人脉的把握也是这样的。如果你始终表现出一种让人尊重的品德、一种使人追随的风格，那么别人就会选择支持你、信任你、追随你；而如果你选择的是"谄媚""欺上瞒下"的行事和做人方式，即使人们不敢得罪你，也绝对不可能心甘情愿地追随你，更不可能给你尊重和信任，你日后的事业也会受到很大的阻碍。

想要别人始终支持、信任和尊重你，就应该拥有一种别人认同的品格和习惯。刘备赖以让人追随的品格就是他的"仁义"，关、张两位正是看到、认同和敬佩他这一点，才与他结义，并最终追随他一生。

让自己看起来很强大，从气势上压倒他

想在日常的心理博弈中笑到最后，必须克服内心的软弱，保持胜利者的姿态。有时候，即便是自己的实力不够强大，但是只要一鼓作气，让自己看起来很强大，也能从气势上压倒对方。历史上这样的例子

很多。

东汉名将廉范是廉颇的后代，他在云中（治所在今内蒙古托克托旗）任太守一职时，匈奴大规模入侵，报警的烽火天天不断。一次，匈奴大军气势汹汹地逼近边境，按惯例敌人来犯如超过5000人，就可以传信给邻郡。但是紧急关头，廉范没有这么做，而是亲自率领一支人数不多的部队，前往边境抵御来犯的匈奴骑兵。

从人数上说，匈奴人多势盛，廉范的兵力比不过匈奴。但是廉范却并不惧怕，当时正巧日落西山，他命令自己的将士们，每人举着两把火炬，在敌人的三面都点起火把，这样一来，一个人就变成了两个人。果然，匈奴军队远远望见汉军营地扩大，火烛甚多，以为来了许多援军，大为惊恐。

廉范的谋略就是要使他们不了解自己究竟有多少人，这样他们肯定会吓得魂飞胆丧。接着再进行突袭就很容易胜利了。

第二日清晨，匈奴将要撤退的时候，廉范带着部队直奔匈奴营地。廉范命令十几人拿着战鼓埋伏在匈奴营房后面，营前的人先点起大火，一边击鼓，一边呼叫，让匈奴的士兵更加害怕。其他人则拿着兵器和弓箭，埋伏在敌营大门的两边，等他们一出来就立刻攻击。等到廉范将火点燃，军鼓震天擂起，本来就胆战心惊的匈奴军队猝不及防，顿时乱作一团，慌乱之中自相践踏，死亡上千。廉范趁势追杀，取得了重大胜利。

廉范之所以取得了胜利，就是因为他懂得营造气势，从心理上战胜对方。所以，在获得实质性的胜利之前，你必须要能够"扮演"好胜利者的角色。这是引导你成为真正的胜利者的心理法则。原世界重量级拳王穆罕默德·阿里，每次比赛前都要为自己写一首赞美诗，宣誓一定要击倒对方，然后再上场。此举为他赢得了"吹牛大王"的称号，其实这正是阿里特有的心理战略。通过宣布自己的比赛目标，在比赛前就在心理上先给对方重重的一击，使自己占据优势。

既然如此，要如何做才能让自己看起来更有气势，更强大一些呢？下面介绍一些让你看起来强大的方法。

首先，当你因为自己的实力而感到胆怯或自卑时，找出对手的弱点，先在心里将对手打倒。

你可以在心里想象对方可笑的地方，当你想着他的可笑时，压迫感、胆怯就会全都消失了。假如只看见对手的优点，往往容易高估对手的实力，而产生难以应付的印象。可只要想到对方和我们一样，说不定也正心怀胆怯，再想象一下他的弱点，你就不会再胆怯或自卑了。

如果你实在挑不出对手的毛病，那就想象一下他在其他场合可能的可笑样子，这样也会把对方从权威或力量的宝座上硬拉下来。比如，分公司里为所欲为的董事长，到了总公司的董事会上，可能只是小角色罢了；他回到家里，也可能是一个在太太面前抬不起头来的惧内先生；在娱乐场合，又可能只是一个被孩子欺负而无还手之力的父亲。

相信每个人都有与他人握手的经历。那么，当你感受到对方强而有力的握手时，你会对他产生什么样的印象？反之，如果对方连握手都是软弱无力的，你又会做何感想？所以，想要营造强者的气场，你必须从握手开始，握手有力的人，会给对方留下自信、勇敢、有能力的印象，而软弱无力的握手则会给人留下内向、胆怯的印象。握手有力的女性会得到比她们的男性对手更高的评价。

初次见面的两个人往往通过握手的力度，来推断其性格。所以，即使你本身是个比较弱势的人，但与人握手时，千万记得用点力。把你的自信和力量通过握手传递给对方，为自己塑造一个胜利者的形象。当你用强而有力的手握住对方的手时，就好像对对方说："我是强大的、值得信赖的。"而此时，如果你再用坚定的目光注视对方的眼睛，自信而诚恳地说一句"幸会幸会"或者"请多关照"，对方肯定会被你的气场折服。

不过需要提醒的是，握手的力度需要恰如其分，过分热情的"碎骨式"握手可能意味着自负、控制欲和缺乏可信赖性。

如果对方是不容姑息的敌对势力，那么你可以用强硬的态度来营造强势的气场，不过在这么做的时候，你一定要底气十足，让对手感到胆怯。

要在气势上压倒对方，你还要尽可能大声说话，宏大而响亮的声音，可以给对手有信心的印象，自己也能借此产生坚强的信心，进而获得意料不到的效果。这样做可以武装自己的心理，让你从内心感到强大起来。古人领兵作战，都会擂起战鼓，声音越高，士气就越旺盛，士兵斗志就越强。

目光的接触也能传递你的强大和信心，用你的眼睛盯视对方眼、手等某一身体部位，给对方以压迫感。这样可以给对方一种心理上的压迫感，并可避免语言冲突时双方不冷静，易冲动的心理状态。

在做这些的时候，有一个最基本的原则你必须清楚，那就是你要有绝对的自信，以小充大、以弱充强说到底是勇气的较量、意志的搏斗。所以你一定要首先做到战胜自己，然后才有可能具有吓倒对方的气势。

引导他参与你的计划，让他主动为你所用

你有一个好主意，需要有人来和你一起实施。但是，你觉得好的主意别人未必觉得好，而且人们对于他人的提议一般都有本能的抵抗。那

么，要怎样才能诱导别人心甘情愿地加入你的计划呢？

当你希望别人与你一起做某件事情的时候，你可能没有太大的把握。这时候你最好不要抱着试一试的心态，毫无技巧地向对方提出请求。当你觉得说服对方有难度的时候，对方接受起来也会有难度。所以，你最好讲究一些方式方法，既能让你避免直接表明的尴尬，同时，还能增加成功的概率。

1. 得寸进尺也是一种策略

你可以尝试利用惯性的原理。运动的物体总是倾向于保持原有的状态，静止的物体倾向于保持静止，运动的物体倾向于保持运动。其实人们的思维也具有惯性。假如一个人答应你为你做了一件事情，那么接下来，他一般也会再答应你一些其他的事情。这是因为人们的内心总是极度地渴望保持行为一致性，诸多的研究也表明，这是一个极其有用的激励策略。研究显示，如果你先提出一个小要求，对方照做了，那么他极有可能答应下一个更大的要求。你完全可以在提出自己的计划之前，先请对方帮一个小忙，然后再逐步诱导他加入到你的计划中。

心理学家以某小区为单位，询问小区的居民愿不愿意收留无家可归的"旅行背包客"一晚上，并让他们在调查表中填写意愿，结果将近70%的居民选择了"愿意"选项。半个月后，心理学家要求填写"愿意"选项的居民在自家门前挂上标有"欢迎旅行者免费留宿"的牌子，其中超过80%的居民同意了这种做法，尽管他们绝大多数并不愿意这样做。之后，心理学家在另一个没有做过调查的小区内，请求居民挂上同样的牌子，结果他们几乎全部拒绝了这个请求。

这个实验与"登门槛实验"极其类似，也就是说，在相同的行为方向上我们迈出一小步，就会迈出更大的一步来保持自己的行为一致性，哪怕他们内心并不十分愿意这么做。

日常生活中也是这样。当你要求某人做某件较难的事情，又担心他不愿意做时，可以先向他提出做一件类似的、较容易做的事情。比如，你想与一个女孩约会，又害怕女孩拒绝。如果你够聪明，肯定会先对她说："一起吃顿便餐吧，就像朋友那样。你不会连与我交个朋友也不愿意吧？"只要你们能一起坐下来，那么接下来继续约她看电影或者与她进一步交往也就容易了许多。你想让一个人帮你值班或写报告什么的，如实相告八成会被拒绝。你不妨把请求模糊化："能不能帮一个小忙""只需要占用你一点儿时间就够了"，铺好台阶，别人自然就不会那么轻易直接拒绝了……

2. 调动对方的积极性，让他心甘情愿地参与其中

我们日常做出的决定中几乎有80%都是感性的。我们总是先感性地做出判断和选择，再用逻辑来检验自己行为的合理性。单纯用逻辑来说服对方，你可能就要吃闭门羹了。要真正说服对方，你还要动之以情。无数研究都表明，如果你想说服别人，必须用上感情因素，无论你的想法多么合理，逻辑多么清晰，但是假如你没有调动起对方的情绪，还是会很难说服对方。

如果你能够将你的计划转化成带有感情的东西，然后让他清楚地看到具体的好处，从而调动起他的情绪，那一切就会变得非常容易。激情能够感染别人，所以你说得越充满激情就越能打动对方。

当然，调动起对方的情感并不能让他做出最终的决定，你要怎么做呢？这时候就是需要你给了对方具有逻辑性的计划了。你一定要详细地说明具体的行动方法，让对方看见行动步骤。你得让对方知道为什么这么做，需要怎么做，知道往哪儿去努力，这样对方才会感到踏实。也就是说，当你想要让对方和你一起去某个目的地时，除了生动描述你的目的地，你还要画一张清晰的路线图。

如果你希望对方更加乐意参与你的计划，你不妨让对方认为你的主意其实是他想出来的。

假设你想跟老板建议下周五公司组织一次公园野餐，你估计老板不会同意，你可以先提一个笼统的问题："没有人喜欢死气沉沉的工作环境，您说是吧？"

然后你可以说得具体一点儿，比如你可以谈谈员工的士气对工作环境有多重要。一旦对方认可或者与你详细地探讨起来，就会在无意中引发内在一致性的需求。

接下来，你就可以简单地使用第二步。比如，你可以告诉他："我肯定绝大部分同事都想去野餐，但是我担心几点，一是咱们可能没法及时获得公司的许可；二是我想不出适合所有人玩的余兴节目；三是我们找不到人在野餐的时候替班接电话。"说到这里就行了。

现在看看你的成果吧，对方听完你说的话，多半已经开始和你一起想办法了。

让对方觉得自己多多少少对这个主意有所贡献，这就很容易调动他的积极性。这一招能达到很多的目的，最重要的一条就是，他会更加认同这个目标。因此他后续的行动就会更一致。一旦你消除了他的抵制情绪，你就完全可以用心理学上的激励手段，促使他采取行动。

你还可以利用心理一致性原理来说服对方，告诉对方，这个主意是多么符合他一贯的行为和做法，可以顺便提醒他以前是怎么做的。在"一致性原则"的影响下，他很可能会认为这个计划符合他一贯的处事作风，你的胜算就更大了。

如果你不是那么有把握，担心对方会拒绝，那你最好让对方明白你的计划能使他避免任何负面结果，这样，你的说服将会更加有力。

另外，你还要表示出足够的低调和谦虚，因为没人想听"百事通"

的建议，所以当你提建议的时候，最好是让对方知道，关于这个计划，你并不是特别擅长。这样一来，对方会认为你更加可信。你可以这样对他说："在这方面我也不是很了解，想和你交流一下。"

研究表明，人们会刻意做出跟别人的建议相反的事情——只是出于对抗。所以，如果你只是一味地想要强硬地说服别人，对方就会很容易产生对抗情绪，如果他觉得自己受了压迫，不得不做某件事情，他才不会敞开心扉听取你的意见呢！所以，在你邀请对方加入你的计划之前，一定要清楚地表示，对方拥有绝对的选择权。

第五章
进退自如：多一步考虑成就柳暗花明

博弈的过程中会出现许多意想不到的状况，有时甚至会让我们落于下风。当这种状况出现在博弈高手面前时，他们首先会摆正自己的心态，调整好自己的情绪；继而根据事态的发展，做出相应的调整，从而达到进退自如的状态。

降低期望值，让对方更惊喜

在你面前放三杯水，一杯冷水，一杯热水，还有一杯是温水。如果让你将手先放入热水中，再放入温水中，你肯定会觉得温水凉；如果先让你把手放入冷水中，再放入温水中，你肯定会觉得温水热。同一杯温水，会给人两种不同的感觉，这就是心理学上的"冷热水效应"。

为什么会出现这种现象呢？

心理学家指出，冷热水效应的出现，是由于人们的预期心理在起作用。当人们把手放入水杯时，很快会适应水杯里水的温度，这种适应会让人对后面要感受的水温形成一个预期，那就是以现在所感受到的温度为基准。如果再次感觉到的水温不符合这个预期，个体就会感觉到超过实际温度的差别。所以，对同样一杯温水会有冷和热两种不同的感觉。

人与人之间利益的博弈，就像是一场谈判，而这场谈判，很可能就是冷热水效应的具体化。

比如卖衣服，如果商家卖150元就能够达到他的心理预期的话，那么他就很可能给买家报200元，而买家认为高，于是就开始讨价还价。经过几轮还价，最终以180元成交，商家在达到自己预期的同时，还多赚了30元。试想，如果商家在一开始就报价150元，根据惯性思维，买家仍然会还价，其结果很可能是成交失败。

再比如商业谈判中，一方把标的价喊得很高，这样就会使对方低价成交的心理预期大大降低，而最终谈判的价格，可能是在喊价方的预期之上，而又让对方感觉捡了个便宜。

人们在判断某事物时，总要无意中进行相互比较。有时我们在说服对方为我们提供某些帮助（温水）时，不妨用另一件更困难的事（冷水）做反衬，出于趋利避害、两难当中取其易的本能，对方会痛快地答应我们的请求（温水）。

老刘和老马同在一家大型化工厂上班，他们俩是厂子里的谈判高手，人称黄金搭档。只要他俩一出马，几乎没有谈不成的业务。因此，俩人深得公司员工的尊重和信赖。

他们俩谈判有一个秘诀，就是十分擅长运用冷热水效应去说服对方。谈判开始的时候，总是先由老刘提出非常苛刻的要求，首先在心理上把对方压倒，让其惊慌失措，灰心丧气。当对方感到"山重水复疑无路"时，老马就出场了，他会和颜悦色地提出一个折中的方案——也就是他们谈判的目标方案。面对这个"柳暗花明又一村"，即使折中方案中有一些不利于对方的条件，对方也会非常高兴，认为折中方案非常好，从而愉快地签订合同。

他们的这种谈判技巧非常奇妙，预设的苛刻条件大大降低了对方的预期，使得对方毫不犹豫地同意那个折中的方案。这种谈判技巧，在他们的经商洽谈中发挥了巨大的作用。

"先冷后热"正是老刘和老马的谈判之策，这符合人们的心理——总比一点儿好处也没有好多了。不仅在商业谈判中可以利用这个效应，而且在求职时也可以利用。

一位计算机专业的博士生性格很内向，毕业后，他拿着博士毕业证书到人才市场上求职，但由于他不善于表达自己，因此没有一家公司肯聘用他。后来，博士以退为进，在求职时只拿出本科毕业证书。不久，一家电脑公司聘用了他，职务是程序设计师。虽然这个职位的薪酬并不高，但是他不以为意，上班时非常勤奋认真，尽职尽责地做好自己的工作。工作当中，他对公司的发展提出了很多有价值的建议，受到老板的赏识。后来，他又独立开发出几个极具推广价值的软件，因此老板提拔他为副总经理，负责管理公司的技术开发工作。老板对他只具有区区本科学历，却对程序设计如此精通感到非常惊讶，在老板的一再追问下，他才拿出了自己的博士学位证书，老板从此对他更加刮目相看了。

在这个案例中，博士生采取的是"先热后温"，没有预期的效果时，才转变为"先冷后热"，最终赢得了对方的赏识。

但如果不能正确运用冷热水效应，刚开始给对方过高的期望，而自己最后却没有达到这个期望，那么你给人的印象一下子就降低了。

小董毕业后在一家印刷企业做业务员，很快便得到公司的重用，因为他工作能力很强，有时一个月能签下好几个大订单。

可是，渐渐地，小董的业绩开始下滑。原来，自从得到公司重用之后，小董春风得意，每次见客户，总是拍着胸脯向客户保证公司能满足他的要求。客户要求一个月的时间完成订单，他反而夸口说20天就可以完成，给客户很大的期望。可实际上，公司根本不可能在那么短的时间内完成订单，因此，此举招致了很多客户的不满。小董也因为失信丧失了很多客户，受到了公司的批评。

小董让客户感到的是"先热后冷"——比预期差很多。从人的心理来看，这注定了他最终的下场。

冷热水效应，分解开即为"先冷后温"和"先热后温"，前后的不同感受暗示我们在社交中应更多地把握"先冷后温"，除非必要，不要选择"先热后温"。

微小让步也能换来大回报

人际交往中经常会遇到双方利益发生冲突的情况，如果双方都不肯让步，那么结果很可能是两败俱伤，导致人际关系的破裂。但是，如果你能做出一些微小的让步，对方就会很感激你，这种微小的让步甚至比进一步更容易让你赢得人心。这就是心理学上的微小让步定律。

美国心理学家切科夫和克里曾做过这样一个实验，证明了微小让步定律的存在。在模拟谈判环境中，主试者和被试者分三组进行谈判。第一组中，主试者对被试者做出了较大的让步；第二组中，主试者和被试者的让步程度相等；第三组中，主试者做出了微小的让步。

实验结果表明，第三组被试者更愿意付出较高的代价去达成协议，而在第一组中，虽然主试者做了较大的让步，被试者反而连最低的代价也不愿付出。

心理学家解释说，在谈判过程中，如果一方突然大幅度做出让步，反而会让对方产生怀疑——认为他开始的条件是故意抬高的，或者认为他的东西的品质有问题。反之，如果对方在开始的时候态度很强硬，然后又勉为其难地做出微小的让步，反而易获得信任，更易达成协议。

这在我们平常买衣服讨价还价时就可以充分体现出来。有些衣服，在卖家同意以比较低的价钱卖给我们时我们反而不买，怀疑这些衣服的质量有问题，或许以稍微高价买到的衣服反而会比较心安。

在商业谈判中，要分清主次，以大局为重，不能因小失大。懂得适当让步的商人才能与客户建立良好的、持久的合作关系。

某经理正在与某供应商进行一场激烈的商业谈判。在这场谈判中，双方都知道要交易的产品的成本对于供应商来说是非常低的，但供应商锱铢必较，想要从经理那里多获得利益。

谈判进入僵局，经理不胜其烦，供应商还是不肯让步。经理说如果实在是不行的话他就会另找合作伙伴。事实上，该经理并不想这么做，他不断地提醒供应商，如果这次合作成功的话，他们接下来的十年内生意将会源源不断，利润可以高达几十万美元。但是，供应商充耳不闻。

当经理再一次警告供应商他将寻找新的合作伙伴时，供应商还是不肯让步，认为他是在虚张声势。于是，经理放弃了与该供应商的合作，转而寻找到另一家供应商。

结果，新供应商从这项利润丰厚的贸易中大赚特赚，而原来的供应商为了从经理手中多获得几千美元而丢掉了将来十年内每年数十万美元的销售额。

在谈判桌上，合理利用让步策略，可以达到目的，让我们赢得对方的心，与之建立良好的交往关系。

但是，掌握让步的时机很重要，让步时机宜巧不宜早。应该在充分掌握对方的信息，并对这些信息做出有效分析的情况下进行让步。过早的让步会进一步抬高对方的期望，让对方认为只要再坚持一下，你就会继续让步。轻易让步很容易使自己处于被动的地位，下面这个销售人员的失败，就是一个很好的案例。

销售人员："您对于我们公司的产品还有什么问题吗？"

客户："其他的地方都挺好的，就是觉得产品的价格太高了，如果你们能将价格再调低一点儿，我会认真考虑的……"

销售人员打断客户的话，道："这样吧，每件产品我再降五元，这是最低价，不能再降了。"

客户:"降五元后的价格也不低啊,能再降一些吗?"

销售人员迟疑:"我计算一下……最多只能再降两元,再多的话就真的不能了。"

客户:"你们通常对付款方式有什么要求没有?"

销售人员:"按照公司的规定,是先预付一半货款,另一半货到即付。"

客户:"这个恐怕不行,因为我手头上没有那么多现金,货到三个月后一起支付可以吗?"

销售人员很无奈:"对不起,我们公司没有这样的先例,而且我也没有这样的权力……"

有时候,看似一些微小的让步,却能给你带来意想不到的收获。不只是在谈判桌上,在其他社交场合,比如当你与朋友发生矛盾时,当你与对方意见不同时……微小的让步,更能让你与他们和谐相处,让他们对你赞赏有加。

帮助,只是因为感动

当看到电视剧里感人的剧情时,你是不是也会潸然泪下?当看到他人遭受重大创伤,痛苦不堪时,你是不是也能体验到一种痛苦的感觉?……如果是的话,说明你比较容易共情。所谓共情,即设身处地地为他人着想——为他人的喜悦而高兴,为他人的悲伤而悲伤。共情使人们感受他人的悲或喜,并且也会诱发、增加人们的助人行为。

在一项研究中,心理学家巴森特及其助手让一名年轻女子假装成正在遭受电击的痛苦样子，然后让堪萨斯大学的女生们观看。实验间歇时，那个看起来很痛苦的遭受电击的女士向研究者解释说，她童年时曾经掉进电栅中，因此对电击非常敏感。出于同情，研究者会建议观察者（即本实验真正的被试者）或许能与她调换一下位置，接受余下的电击。在这之前，一半被试者被告知这个遭受电击的年轻女子与她们有相似的价值观和志趣（以此来唤起她们的共情）；另外一半被试者被告知，她们看完那个女子遭受电击的情境后，实验任务就完成了，不需继续留下。然而，研究发现，这一组已经被唤起共情的被试者，基本上都表示愿意代替那个年轻的女子来接受剩下的电击。

因共情而出现的助人行为，暗示我们在交际过程中应当充分激发起人们的同情心，一旦调动起对方的同情心，或许就赢得了帮助的力量。

亚伯拉罕·林肯在成为美国总统之前曾当过律师，并且是一位出色的律师。一天，他正在办公，一位年近花甲的老妇人来到了律师事务所，向他哭诉她不幸的遭遇。原来，老妇人的丈夫是一位军官，在独立战争中为国捐躯，而她又没有子女，所以每月只能靠领取政府的抚恤金维持生活。但是前不久，发放抚恤金的出纳员勒索她，让她交付一定的手续费才能领取，而这笔手续费多达抚恤金的一半！她没有办法，只好来请律师帮忙。林肯听完后非常气愤，决定免费为老妇人打这场官司。

由于出纳员是口头勒索老妇人的，并没有留下任何凭据，因此，在法庭上，他拒不承认，并指责林肯无中生有，气焰十分嚣张。由于林肯手中没有证据，因此，形势对他很不利。

但是，林肯不慌不忙、沉着冷静。他两眼闪着泪花，用抑扬顿挫、充满感情的声调回顾了英帝国主义是如何对殖民人民进行压迫的，爱国志士是如何抛头颅、洒热血，在忍饥挨饿的艰苦环境下奋起反抗，最终赢得了独立战争的胜利的。最后，他激动地说："现在，一切都已过去，那些牺牲的英雄也都早已长眠地下。可是，他们那衰老而又可怜的夫人就在我们面前，要求申诉。这位夫人也曾有过美丽的青春，也曾与丈夫有过幸福美满的生活。不过，她已经失去了一切，变得无依无靠。我们享受着用烈士的生命争取来的自由和幸福，却还要勒索他们的家人那一点儿微不足道的抚恤金，这样做对得起我们的先人、对得起我们来之不易的自由吗？"

林肯一番动情的演说感动了全场的听众，法庭里充满了哭泣声，一向不动感情的法官也眼圈泛红，被告的良心也被唤醒，再也不矢口否认了。最后，法庭通过了保护烈士遗孀不受勒索的判决。

没有证据的官司很难打赢，但林肯一番感人肺腑的演说，成功地引起了在场人员的共情，甚至连原告也不例外。这样，他最终控制了听众及被告的心理，打赢了这场官司。

人与人的感情总有相通之处，只要你善于抓住别人心灵柔软的地方，你就有机会取胜。善于利用别人同情心的人是聪明的人，因为你不必花费金钱，也不必尽周折去寻找关系。这样的助人行为才是心甘情愿的帮助。

一个十岁的乡下小姑娘，不幸被人贩子拐卖到一个大城市。小姑娘被关进一个仓库里，一天晚上，一个中年男人打开了仓库的门，径直走向小姑娘。小姑娘虽然十分害怕，但很快就冷静了下来，她对着中年男人，甜甜地叫了声"叔叔！"中年男人一愣，被小姑娘甜美又可怜的声音打动了。

然后，小姑娘平静而又真诚地说："我一看就知道叔叔是好人，叔叔的年龄应该和我爸爸差不多。但是我爸爸比你辛苦多了，他在乡下种田，去年收割稻子的时候，他热得中了暑……"说着说着，眼泪就哗哗地流了下来。听着小姑娘的诉说，中年男人感到非常羞愧，沉默片刻后,他低声说了句:"谢谢你,小姑娘。"然后就送走了小姑娘。

面对这个拐卖自己的中年男人,聪明的小姑娘表现得十分弱小,激发了对方的同情心。一句"叔叔",拉近了与中年男人的距离,使得中年男人对她萌生了同情的种子;接着,小姑娘又把中年男人和她父亲做对比,进一步强化了中年男人的同情心,并最终放走了小姑娘。

用情感上的共鸣,让对方达到共情,无论是求助于对方,还是某种非常时期,都有助于自己目标的实现。因此,共情打动的是人的真正利他之心,也是博弈的核心所在。

如果没有可乐,就给他一杯咖啡吧

当有人来找我们帮忙时,我们要尽量帮忙,帮助他人就是帮助自己。但是,有些忙我们确实是帮不上,心有余而力不足,这时候怎么办?难道就看着朋友失望而归吗?不,这样做无疑是在损害彼此的关系。我们会想,如果对对方有所补偿就好了。这便是补偿效应的运用。

补偿功能原本是人体的一种生理适应机制,是指当身体的某一器官有所缺陷或功能减弱时,另一器官的功能就会相应加强,以补偿不足。例如视力较差者,往往嗅觉、听觉都比较灵敏,这在一定程度上补偿了视觉缺陷。人体固有的补偿功能使一切生理缺陷都可以在一定程度上得到补偿。

人们在处理社交事件时也在运用这一效应。例如,一个人失去亲人后感到特别痛苦,此时,真诚的友谊和帮助会给他带来温暖,在一定程度上减轻他的痛苦,补偿他失去亲人的不幸。这是一种"取代"的方法，可以使人们从失意、痛苦和沮丧中尽快走出来。

还有一种叫"转移升华"的方法，如在生活中遭遇不幸，将精力转移，不把过多目光放在不幸上，而是放在如何解决具体问题上，从而激发更大的潜力，实现自我价值。

老安在一个研究所工作，他不但为人正直、工作勤奋，还逐渐成为该所的技术骨干，单位凡事总缺不了他。可是很多年过去了，他一直没有如愿评上工程师职称。为此，老安很苦恼，经常发牢骚，脾气也变得很大。但时间一长，老安想，这样不但解决不了问题，反而把生活搞得很紧张，家里家外都不轻松。于是他立志奋发，要从别的方面弥补自己。想通了之后，他开始学习英语、商业知识等。他想条件成熟后去搞民办科技实体，这使得他有很多的话题和朋友交流。这时再看那些评上工程师的人，有的却已泄了劲，没有了压力，生活过得并不愉快。

老安评职称屡遭不顺后，把注意力转移到别的地方——学习、办科技实体以及与朋友交流等，这些补偿了他内心的遗憾，使得他的生命活出了另一种精彩。

从心理学上看，这种补偿效应，其实就是一种"渐进式过渡"的过程，即人们可以通过发展自己的长处、优势，从而赶上或超过他人的一种心理调节模式。

善于洞察人心的人，懂得利用人的补偿心理来达成交往的目标。如果不能满足对方的这种需求，就设法利用另一种需求去满足对方，这时对方同样会很感激你，也可以有效拉近你与对方之间的距离。

魏红是一家公关公司的经理。有一次，她帮助一家大型公司举办年会，其中一个很重要的环节是组织全体员工去包场唱歌。事先做过准备的员工逐个上台演唱，气氛非常活跃。在整个晚会快达到高潮的时候，魏红特意安排了这家公司的老总上台唱歌。这个老总没做准备，感到很意外，但是在员工们的热情欢呼下，老总只好走上了台，勉强唱了一首歌。可是老总实在不擅长唱歌，所以很多地方都跑了调。这时魏红才知道自己计划失误。

为了弥补自己的过错，魏红悄悄地找到了老总的秘书，从秘书那里得知老总很擅长拉二胡，于是魏红很快找来一把二胡。在晚会最后，魏红把老总演奏二胡作为压轴节目。老总虽然二胡拉得不错，但平时很少在公开场合表演，这次他欣然登台，非常投入地为大家演奏了一首曲子，赢得了全体员工的热烈掌声，也把晚会气氛推向了最高潮。

在这个案例中，魏红利用补偿心理，及时弥补了自己工作上的失误。她让老总以精彩的二胡演奏弥补他之前糟糕的演唱，这样，一方面补偿了老总在唱歌方面的缺陷，让老总获得了心理平衡；另一方面精彩的二胡演奏改善了员工们之前对于老总五音不全的不佳印象，也补偿了员工对老总的评价心理，维护了老总的权威形象。

每个人在接受帮助的时候，都会心存感激。所谓知恩图报、懂得感激，就是这个意思。因此，当不能满足对方的某个要求时，我们可以通过别的方面补偿对方，正如"如果没有可乐，就给他一杯咖啡吧！"

给他激励，而不是警告

马戏团的驯兽师在驯狗时有一个诀窍，那就是当小狗显出哪怕轻微的进步时，驯兽师就会像对待一件大事似的，轻轻地拍它，称赞它，并给它肉吃。不光驯狗，数百年来，训练动物大都是采用同样的方法。

那么，作为父母、老师、上司，面对"不争气"的孩子、学生和下属，与其横眉怒对，倒不如向驯兽师学习，以肉代鞭。人们多数时候需要的是激励，而不是责骂。即使是最微小的进步，如果我们能够给予足够称赞，就能激励对方继续进步。

纽约布鲁克林区的一位四年级老师鲁丝·霍普斯金太太在新学期开学的第一天，看过班上的学生名册后，她本该对新学期的到来感到兴奋和充满期待，但是却心怀忧虑：今年，在她班上有一个全校最顽皮的"坏孩子"——汤姆。他不只是搞恶作剧，还跟男生打架、逗女生、对老师无礼、在班上扰乱秩序，而且情况愈来愈糟。他唯一的优点是：能很快掌握学校的功课。

霍普斯金太太决定立刻面对汤姆的问题。当她见到她的新学生时，她讲了一些话："罗丝，你穿的衣服很漂亮。爱丽西亚，我听说你画画很不错。"当她念到汤姆的名字时，她直视着汤姆，对他说："汤姆，我听说你是个天生的领导者，今年我要靠你帮我把这个班变成四年级最好的一个班。"在头几天，她一直强调这点，夸奖汤姆所做的一切，并评论他的行为，表扬他是一位很好的学生。

令人惊奇的结果出现了，汤姆真的变了，他渐渐地改掉了自己那些不好的行为，变成了一个好学生。

孩子也有着很强烈的自尊心，他们表现不好时可以给他们指出来，但你若不是以批评的形式而是激励的形式，那么会更有助于促进他们向好的方向发展。

美国一位典狱长也曾说过，相比于严厉的批评与惩罚，对罪犯们所做出的每一个努力进行适当的欣赏，就能得到他们更大程度的合作，并且有助于他们恢复自己的人格。

我们再来看一下美国纽约州第一位黑人州长罗杰·罗尔斯的故事。

罗杰·罗尔斯是美国纽约州历史上第一位黑人州长。他出生在纽约声名狼藉的大沙头贫民窟,这里环境肮脏,充满暴力,是偷渡者和流浪汉的聚集地。在这儿出生的孩子,耳濡目染,他们从小逃学、打架、偷东西甚至吸毒,长大后很少有人从事体面的职业。然而,罗杰·罗尔斯是个例外,他不仅考入了大学,而且当上了州长。

在就职的记者招待会上,一位记者对他提问:"是什么把你推向州长宝座的?"面对三百多名记者,罗尔斯对自己的奋斗史只字不提,只谈到了他上小学时的校长——皮尔·保罗。

1961年皮尔·保罗被聘为诺必塔小学的董事兼校长。当时正值美国嬉皮士流行的时代,他走进大沙头诺必塔小学的时候,发现这儿的穷孩子比"迷惘的一代"还要无所事事。他们不与老师合作,旷课、斗殴,甚至砸烂教室的黑板。皮尔·保罗想了很多办法来引导他们,可是没有一个是有效的。后来他发现这些孩子都很迷信,于是在他上课的时候就多了一项内容——给学生看手相,他用这个办法来鼓励学生。

当罗尔斯从窗台上跳下,伸着小手走向讲台时,皮尔·保罗说:"我一看你修长的小拇指就知道,将来你是纽约州州长。"当时,罗尔斯大吃一惊,因为长这么大,只有他奶奶让他振奋过一次,说他可以成为五吨重的小船的船长。这一次,皮尔·保罗先生竟说他可以当纽约州州长,着实出乎他的意料。他记下了这句话,并相信了它。

从那天起,"纽约州州长"就像一面旗帜,罗尔斯的衣服不再沾满泥土,他说话时也不再夹杂污言秽语。他开始挺直腰杆走路,在以后的四十多年间,他没有一天不按州长的身份要求自己。51岁那年,他终于成了纽约州州长。

吉斯菲尔伯爵曾说过:"各人有各人优越的地方,至少也有他们自以为优越的地方。对于其自知优越的地方,他们固然喜欢得到他人公正的评价。但对于那些他们想得到认可却缺乏自信的地方,他们尤其喜欢得到别人的恭维。"

已故哈佛大学教授詹姆士有这样一句名言："与我们本来应有的成就相比较,我们不过是半醒着。我们现在只利用着我们身心资源的一小部分。广义地说,人类的个体就这样地生活着,远在他应有的极限之内;他有着各种力量,但从未被利用过。"是的,一个人的潜力是无限的,他的进步也是没有终点的。当对方每次有了小小的进步,只要你肯赞美他、激励他,他一定能够取得更大的进步。

所以,对待生活中所谓的"不争气"者,与其在他走上你不想让他走的路时给一鞭子,不如在他一脚踩上你要让他走的路时给一颗糖;与其对他做错的地方指手画脚,不如称赞他的每一个进步,即使十分微小。

运用过度理由效应能助你实现心中所想

心理学上有一种现象:人们总是为自己的行为寻找原因,以力图使自己和别人的行为看起来合理,并且一旦找到看似合理的外部原因,就很少能够继续深思下去,这就是过度理由效应。

生活中我们也常常有这样的体验:父母给儿女或者妻子给丈夫买了一件衣服,谁都不会感觉奇怪,因为他们是最亲密的人;然而如果儿媳给自己的公婆或者女婿给岳父岳母送了一件小礼物,长辈们则会感激涕零,因为他们认为晚辈本来不必这样做,可晚辈这样做了一定是因为"晚辈想讨得他们的欢心,得到他们的认可",自然会和晚辈的关系更加亲密。如果陌生人给了你一个小小的帮助,你立刻会感激这个"乐于助人"的好心人。

心理学家们也通过实验证明了这一点：德西和助手们以一些大学生为被试者，请他们分别单独解决诱人的测量智力的问题。实验分为三个阶段，第一个阶段，对被试者都不予奖励，结果发现人们都对解题有很高的兴致；第二个阶段，被试者分为两组，A组不给报酬，B组每解决一个问题给一美元的报酬，结果发现A组仍在继续解题，而B组在获得报酬时解题十分努力，失去报酬时则明显失去解题的兴趣；第三个阶段，被试者想做什么就做什么，结果发现A组所有大学生还在继续解题，而B组则完全失去了兴趣。

这个实验说明，人们为了使自己的行为看起来合理，常常要给自己的行为寻找原因，不管这个原因是否差强人意。在做事时，不妨利用这一点，它可以帮助你让人们的行为按照你的意愿来实施。

当你想让别人的某种行为继续下去的时候，就不要给他找任何外部理由，让他纯粹因为自己的兴趣爱好自娱自乐地做下去。比如，孩子喜欢弹琴、画画或者做家务，如果你因此而用金钱或者其他手段来奖励他，那么当你忘了使用这种手段的时候，孩子做事的热情就会消减。同样，如果你为了保持别人热情高涨地为你做事，而用薪酬或额外的奖金来奖励对方的时候，暂时的确有效，但时间长了，这种奖励就会成为"过度理由"，效果反而不如从前。单纯的物质刺激很难使人保持持续的热情，想要激发其内在动力不妨使用一些精神上的激励。

当你想制止某人的某种行为时，不妨给他找一个明显的外在理由，即使非常不尽如人意也无所谓，然后再把这种奖励撤去，对方自然就不会再去持续这种行为。

有这样一个故事，一个农场主盖了一座庄园，请人们来参观，但很多人都踩踏在草坪上，以至将草坪践踏得不像样子。于是，农场主写上"禁止踩踏草坪"等牌子插在草坪上，但都无效，草坪依然被人们弄得东倒西歪。管家则想了一个办法，他让主人请踩踏草坪的人吃了一顿大餐，结果这件事传扬开来，无数人都享受了几次美餐。后来，主人只是微笑着站在门口，再也不用大餐招待众人了，于是人们失去了拜访的乐趣，农场主又获得了宁静。

当你看到某种显而易见的外部理由并不成立甚至是一种无稽之谈时，不要太快地嗤之以鼻，而要耐下心来寻找真正的内部原因，这样往往能够帮你获得事实真相，更有利于解决事情。比如，一个客户给通用汽车公司打电话抱怨自己的车子对香草冰激凌过敏，只要每次他买的是香草冰激凌，车子就不能发动；而如果是其他口味，车子就会很顺利发动，他要求公司帮其"想想办法"。

面对这种奇谈怪论，人们往往会嗤之以鼻，暗示对方是感觉的原因。不过通用汽车公司却没有这样做，而是派出自己的工程师去查找原因。结果发现，因为人们喜欢吃香草冰激凌，所以这个口味的往往单独放在一个冰柜中并放在商店的前端，所以，买此口味的冰激凌用的时间要短很多，而买其他口味的冰激凌则要花费很多时间。问题就出现在多花费的几分钟上，这段时间可以让汽车的蒸汽锁有足够的时间散热，且能很快重新启动。找到了原因，工程师就向总部报告了这件事情，后来通用汽车公司研究出一种散热更快的蒸汽锁，从而解决了问题，通用的汽车也更加受欢迎了。

在对方心理放松时占据上风

兵法上有一条"后发制人"，意为等对方先动手，再抓住有利时机反击，制伏对方。在看不清形势或者彼此之间对峙过于紧张、己方处于弱势的时候运用它，反而可以给我们带来先机。

拳头退回去是为了更好地出击，生活中我们也往往可以看到这样的事例：长跑当中，人们往往保存实力，直到临近终点时，再加以冲刺，刚刚位于第二、第三者反而成为冠军；尺蠖在爬行之前，总是先屈起身体，然后再求伸展；谈判之前，总是先叙旧情，等到对方心理松弛下来、气氛融洽了，再锱铢必较地讨价还价，反而能够争得更大的利益，这就是多维的"以退为进"之道。

历史上有很多战争都是利用以退为进的，总是首先避开对方的锐气，当他们心理放松时再加以进攻，往往更能取胜。在《左传·庄公十年》中记载了《曹刿论战》的故事，鲁庄公十年春，齐国军队来攻打鲁国，鲁庄公准备应战，曹刿求见，并参与了作战。鲁齐军队在长勺作战，庄公开始打算命人击鼓进军，曹刿不答应，并仔细听着齐国的军队敲鼓，直到对方敲了三次鼓才说"可以进攻了"，后来果然大胜。庄公问他这样做的原因，曹刿回答道"一次击鼓是为了振作士气，勇士可以出击，这时出战就是硬碰硬，弱国容易吃亏；二次击鼓士兵的勇气就低落了；三次击鼓对方的勇气就消失了，他们的勇气消失、我方士气正旺，如此才能毫不费力地大胜。"

这就是进退之道，打好时间差，等到对方心理放松、疲惫的时候，再加以进攻，反而能占上风。人们往往急于解决事情，于是总遵守着"先发制人，后发制于人"的原则，总是迫不及待利用对方没有准备好的时候，迎头猛击，以期望一举成功。这是在对方对形势不了解或者没有准备好的时候才能运用的战略。

事实上，相对的双方很少互不了解或者没准备好。在现代这个资讯发达的时代，任何事情都能够在几个小时甚至几分钟内了解清楚，准备好。谈判双方的实力都是对等的，能够拼的也就是谁的心理素质更好，谁更有耐心，所以更要讲究"以退为进，后发制人"。

曾有这样一个故事，某公司老板突然病逝，其女儿A接管事务。有些客户便开始有了轻视之心，要求将原料的价格提高，这样就提高了生产的成本，而且其他供货商肯定也会群起效法。A本来是不想答应的，但通过协商之后发现不可能，因为合作合同还在期限之内，对方又是长期供货商，于是就先答应了下来。后来，她分析发现，对方的供货能力似乎不足，于是要求加紧供货进度，必须保证进度和质量地进行供货。

对方看她已经答应了提高价格的条件，以为她年轻软弱，便一口答应，后来果然在进度和质量上都出现了问题。A就此原由将对方告上法庭，并解除了原来的合同，其他供货商见A如此强势，再也不敢轻视她。

正是她之前的"示弱""退让"让对方有了轻视之心，才能让她顺利地获得杀鸡儆猴的机会。真正的聪明并不是一味强势、咄咄逼人，而是在自己弱势的时候适当退一步。因为退让可以降低他人的警惕之心，可以让自己获得更多的时间和余地与对方周旋。

人们常说"老虎也有打盹的时候"，只有趁对方放松的时候出手才有必胜的把握。一个人想要成功，就必须要精通进退之术。不要在对方风头正盛的时候挫其风头，而要在他喘息之际进攻，尤其当双方的实力有巨大悬殊的时候更应该如此，只有避其锋芒，才有可能得到反击的机会。

第六章
转变思维：教你不动声色地反客为主

> 如果你总是在博弈中处于下风，那么很可能是你的思维出了问题。试着对自己的思维进行解剖，让思维从固守的框架里解脱出来，并采取适当的行为，主动影响对方的心理和想法，如此就能在博弈中得到意想不到的收获。

理性看待自己，不要活在他人的评价里

在工作中，我们经常会发现一些人因为在意别人如何看自己，而背负上沉重的心理负担。尤其是在把别人对自己的看法当成自我评价的依据时。有些人为了能够得到别人对自己的肯定甚至会去讨好别人，一旦他人对他的态度有变化，他就会变得恐惧不安。

康纳德就是一个很在乎别人怎么看自己的人，他经常为"自己在和朋友相处中有没有什么地方做得不好，会不会让人觉得我很不热心，会不会让人觉得自己不够朋友"等一系列问题纠结，一旦想到哪一点他就会觉得很不舒服。有时朋友的脸色有一点儿不对，或者短信、微信、QQ 没有及时回复，他就开始胡思乱想。这种想法让他感觉身心疲惫，总是感觉自己是活在别人的目光中的，而不是活给自己的。除此之外，他还总是有意无意地去跟人比。久而久之，连他自己都觉得自己太虚荣，活在别人的阴影里，没有自我。

我们生活在和他人相互作用的社会中，每一个人都在他人的目光中，受着他人的各种评价。显然，如果我们完全不在乎别人是不现实的。但是就好像一盘菜肴不能满足所有人的口味一样，他人的评价对于我们来说，又有多少指导意义呢？每个人的立场、角度不同，得出的结论也就千差万别。因此，对于我们所做事情的评说，他人的看法并不一

定客观和全面。

当然，他们也可能有一定的原因和道理，但不可能完全反映出你的本来面目和完整形象。所以，我们需要的是理性地看待自己，对自己有足够了解的同时也客观地了解他人对我们的态度和评价。也就是说，我们对待自己要有判断能力，对待别人的毁谤、称赞，要理性地去感知和接受，而不是把别人的话当成评判自己的唯一标准，被外界的评论扰乱了自己的方向。

古时候，有一对父子牵着驴进城赶集，路上碰到几个赶路的，指着他们说："瞧，真够蠢的，放着驴子不骑！"

听了这话，父亲便叫儿子骑在驴背上，自己在下面走。走着走着，又碰到几个路人，他们对着骑在驴背上的儿子说："瞧，真是不孝的儿子，自己骑驴，让老父亲在下面走！"

儿子听了这话，赶紧下来，让父亲骑到驴背上，没走多久，又有人说："真是狠心的父亲，也不怕把孩子累死！"

父亲连忙叫儿子一起骑上驴背。

谁知又有人说："一头驴驮着两个人，也不怕把那瘦驴压死？"

听了这话，父子俩赶快溜下驴背。为了让驴省点儿劲，他们决定把驴子的四只脚绑起来，用棍子扛着。

可是在经过一座桥时，驴子因为不舒服，挣扎了下来，结果掉到河里淹死了！

这个看似老套的故事，却最能说明不加考虑地接受他人的评价对于我们造成的"障碍"。要想不被他人的话所左右，我们就要多学善辩，对自己的选择要坚持。歌德曾经说过："每个人都应该坚持走为自己开辟的道路，不被流言吓倒，不被他人的观点牵制。"让人人都对自己满意，这是不切实际的。

所以，面对他人的评说，任何时候都要有自身独立、清醒而明确的认知，使自己真正成为判断对错、衡量是非的主人和主角，既不因为他人的赞扬而自鸣得意、沾沾自喜，也不因为他人批评而灰心丧气、愤愤不平。过于看重和在乎他人的评价，就必然沦为他人的附庸和受他人支配。

有一个叫玛利亚的女孩，特别喜欢唱歌，每天，玛利亚都要到屋前的草地上练习唱歌。她的歌声并不美，但是却饱含深情。邻居是一个刻薄的女人，她走过来，冷笑着说："玛利亚，请原谅我这么说，即使练破了嗓子，也不会有人为你喝彩，因为你的声音实在太难听了。"

面对邻居的嘲讽，玛利亚并没有自卑或者生气，她只是静静地回答道："其实你所说的这番话，其他人也对我说过很多次，但是我不能因为你们说我的嗓音不好听就放弃了我最喜欢做的事情，我必须为自己而活，不需要活在别人的认可里。在唱歌的时候我很快乐，我也相信有一天我会唱得比你们都好听！"

正如她自己所说，因为对于歌唱的热爱，她在后来学习了声乐和各种演唱技巧，她渐渐地被认为是一个很会唱歌的人，甚至举办了个人演唱会。

明代文学家冯梦龙的《醒世通言》中有句名言："毁誉从来不可听，是非终究自分明。"所以，这世界上没有人比你更了解你自己，而且因为关注的注意力和目的等不同，评价也不尽相同，即使是品行高尚的圣人，也不可能让所有人都认可。

如果你期望人人都对你感到满意，你必然会要求自己面面俱到。可是不论你怎么认真努力去适应他人，都无法做到完美无缺，让人人都满意。所以，一个有理智的人，他的思维应当像滤芯一样，过滤掉所有的渣滓和异物，不轻易地相信别人的话，不活在别人的舆论中，不受别人的控制与摆布。

感情投资，必有回报

心理学研究表明，情感在很大程度上决定了人对于某个人或者某件事的态度。情感分为道德感和价值感两个方面，具体表现为爱、仇恨、厌恶等。如果一个人喜欢某个人，就会愿意尽心尽力帮助对方。

因此，我们在日常交际中，应该学会感情投资，赢得他们的支持。

战国时期齐国的孟尝君门下有食客数千人，冯谖也是其中一位。孟尝君府里缺少一位理财收债的人，冯谖主动请命去薛城为其收债。临行前孟尝君叮嘱冯谖："收齐了债款，可以用这些钱买一些家里需要的东西回来。"冯谖赶着马车出门了，到达薛城之后，冯谖派出官吏召集那些欠债的百姓前来核对。借约核对完了，百姓们都觉得冯谖要强迫他们还债，一个个非常紧张。哪知道，冯谖烧掉了借约，宣称自己是奉孟尝君之命，免除大家的债款。百姓欢呼雀跃。

冯谖赶回齐国都城后，把这件事情告诉了孟尝君，孟尝君问他为什么要这样做，冯谖说："您的府里什么都不缺，所缺少的东西只有'义'了，因此我替您买了'义'。"孟尝君问："买'义'怎么个买法？"冯谖说："如今您只有一块小小的薛地，我认为您应该爱护那里的百姓，而不是用商贾的手段向百姓收取利息，我私自假传您的命令把借约烧了，百姓们非常高兴，都感激您的恩德，这就是我给您买的'义'啊。"孟尝君并不高兴但也只好作罢。

过了一年，齐湣王希望孟尝君隐退，孟尝君只好答应并回到封邑薛城去住。走到离薛城还有100里的地方,百姓们已经前来迎接了,他们扶老携幼,箪食壶浆。孟尝君深受感动,他回头对冯谖说:"先生替我买的'义',今天我算是看到了。"

仁义不是实物,因此孟尝君对冯谖用金钱买仁义非常不解。当孟尝君被齐王贬黜回到薛城时,才意识到昔日买的仁义的价值。前期的仁义之举是一种感情投资,这种感情投资打动了薛城的百姓们。当孟尝君落魄的时候,薛城百姓们自然愿意尽心尽力支持他。

我们在与人交往的时候,也要学会感情投资,学会真诚对待他人,以此来为自己赢得支持。

战国四君子之首信陵君善于礼贤下士,他的食客达到三千多人。当时,其他国家不敢轻易进攻魏国,就是因为被他的威名所震慑。

信陵君听说隐士侯嬴的时候,侯嬴已经七十多岁了。信陵君知道他家里穷,就派人给他送去了大量的金银财宝。侯嬴婉言拒绝,他说:"我虽然家贫,但这些都不影响我修身养性,所以我不会轻易接受别人的施舍。"

于是,信陵君摆下酒宴,邀请了很多魏国的名人雅士。大家都到齐之后,信陵君却要亲自驾车去接侯嬴前来。侯嬴倒也不拒绝,但是也丝毫不客气,径直坐到了马车的上位。信陵君见状不仅不生气,反而更加温和。

侯嬴又对信陵君说:"我还不想吃饭,我有个朋友在屠宰场,我想先去那儿看看他。"信陵君就让车夫把车驾到了屠宰场。侯嬴下车之后立刻与朋友攀谈起来,完全不顾及一同前来的信陵君。随从们看不下去了,就在背后偷偷骂侯嬴,但信陵君一直和颜悦色。侯嬴看信陵君如此谦恭有德,于是上车与他一起赴宴。

到了信陵君府上之后,宾客们已经焦躁不安了。信陵君把侯嬴让到了上座,并为他一一引见到场的宾客。酒过三巡,信陵君又亲自向侯嬴敬酒。侯嬴这才对他说:"我不过是一介乡村莽夫,你却亲自驾车来看我,这是你看得起我。至于让你在屠宰场等我,我是想让人们看清楚你是什么样的人,我想,你的谦恭与和善已经感动了人们。人们可能都认为我太傲慢,是个小人。我都这把年纪了,名声对我来说已经不重要了,只要能为贤能的君主做点儿事,我就知足了。"酒宴结束以后,信陵君把侯嬴留了下来。

侯嬴去屠宰场看的朋友就是朱亥,侯嬴把他推荐给信陵君,信陵君多次去请,但是朱亥一直不肯来。

后来,秦军进攻赵国,赵国向魏国求救,魏王派晋鄙带兵十万前往救援。但晋鄙生性胆小,不敢与秦军交战,只是把军队驻扎在了魏国和赵国的边界。魏王也默许他这么做,信陵君明白唇亡齿寒的道理,所以屡次劝谏魏王,但魏王不为所动。

无奈之下,信陵君决定拼死一搏,带领自己的食客与秦军决一死战。他跟侯嬴讲了这个计划,侯嬴并没有说什么。后来信陵君带着食客们出发了,侯嬴竟然没有来送别。信陵君觉得侯嬴应该出来为自己送别,他这么做必有深意。走了几里路之后,信陵君恍然大悟,心想:"侯嬴一定有什么话要对我说。"于是,他让队伍原地休息,自己骑着马去见侯嬴。侯嬴见了他笑道:"你去抵抗秦军,无异于以卵击石,而我却没有为你送行,所以你一定会回来找我的。"说完,侯嬴屏退左右,给信陵君出主意:"买通魏主的宠姬,通过她窃取兵符,把晋鄙手中的军队夺回来,然后抵抗秦国。"

信陵君依计而行,顺利拿到了兵符。侯嬴又跟他说:"有了兵符也不一定能让晋鄙交出兵权,将在外君命有所不受,我们必须找个人刺杀晋鄙,朱亥就是个不错的人选。"于是,信陵君带着兵符和朱亥一起前往军营。

侯嬴为他们送别时说:"我本应该与你们一起前往,奈何我年老体衰,对你们来说是个累赘。我计算着时日,等你们取得了成功,我就自杀来为你们送行。"

一切顺利,朱亥杀死了晋鄙,信陵君夺取了军权,率军击退了秦军,保住了赵国。而侯嬴也为"知己者"死。

侯嬴之所以愿意不惜一切帮助信陵君,是因为信陵君的所作所为打动了他。建立在利益之上的友情毕竟是浅薄的,而建立在真挚情感上的感情则会让人死心塌地。包括后来的诸葛亮也是一样,刘备没有许他高官厚禄,但是凭借真诚的情谊打动了他,所以,诸葛亮愿意为他"鞠躬尽瘁,死而后已"。

人是有情感的,而且人的态度和行为受到情感的控制,因此,我们在交际的时候,要学会感情投资,与值得交往的人建立深厚的感情,只有这样,当遇到困难的时候,我们才可以得到更多的有力支持。

信任是获取支持的基础

1958年,美国的心理学家德斯彻将信任研究引入心理学领域。人际信任被认为是个人价值观、态度以及情绪共同作用的产物,是一系列的心理活动。

信任是人与人之间交往的基础,双方相互信任,才会消除戒备心理,才能真心诚意地相互支持。因此,我们要扩展自己的人脉,想得到别人的支持,关键就在于信任别人,并赢得别人的信任。

迈克因为家庭暴力被判入狱两年。出狱后，他又因为用语言恐吓女人而遭到警察逮捕。那些认识他的女人，只要一听到他的名字就会胆战心惊。迈克想要找一份工作，过正常人的生活。可是，由于有犯罪前科，他遇到了很多困难。没有哪家公司愿意雇用一个经常殴打女性的暴力男。他还成了妇女保护组织的重点照顾对象。经常有妇女保护组织的工作人员来找他，询问他是否交上了新女朋友，并警告他，如果敢再对女性使用暴力，就会再次把他送进警察局。在那段时间里，迈克简直快要崩溃了。有时，他甚至想买一把手枪，在大街上对着人群扫射。

一个偶然的机会，他在酒吧认识了一个女孩，从此他的人生出现了重大转折。那个女孩名叫康妮。她在酒吧遇到了迈克，并与迈克进行了短暂的交流。

在谈到康妮时，迈克羞涩地说道："在第一眼看到她时，我就觉得她对我来说非常重要，是我一辈子需要的女人。在她身上，我发现了一种真诚，她是我出狱后第一个真心和我谈话的人。我觉得，与她相处我很有安全感。其实男人也需要安全感。在她身边，我不会被轻视，也不会被怀疑，她总是能够看出我内心的想法，不断地激励我前进。在我遭遇挫折时，她从来不会看不起我，伤害我，而是帮我寻找解决问题的办法。"

如今，迈克已经成为业务覆盖美国西部大部分地区的一家快递公司的老板。在他的领导下，这家快递公司的业绩不断攀升，公司资产已经达到了400万美元。值得一提的是，康妮不仅成为迈克公司的大股东之一，也成为了迈克的新婚妻子。

毫无疑问，康妮之所以能够走进迈克心里，最主要在于她给予了迈克信任与支持，而这正是迈克最需要的东西。

信任是人际交往过程中连接人与人的纽带，也是获得别人支持的基础。如果一个人无法获得别人的信任，那么他也就无法获得别人的支持。所以说，我们必须拥有正直的人格，提升自己的责任感，增强自己的可信度。

信任非常可贵，但也非常脆弱。人们信任一个人，就意味着必须承受被对方伤害的风险。人的内心都是趋利避害的，因此，如果你辜负别人的信任，伤害对方，想要再次建立就非常困难。

有这样一个故事：

大黄是一条训练有素的军犬。每次进行辨别嫌疑犯的训练，它总是能够在第一时间就把嫌疑犯找出来。

一天，训导员又牵着大黄来到训练场进行训练。训导员一声令下，大黄迫不及待地向前冲去，没过多久就叼着丢失的东西跑回训导员身边。之后，它又向人群跑去，嗅了几下就找出了小偷，并将其咬住。它认为自己顺利地完成了任务，就自信满满地跑回训导员身边，等候训导员给它奖励。可是，训导员非但没有奖励它，还摇着头对它大喊道："大黄，你认错了，嫌疑犯不是他。再去找！"大黄非常信任训导员，它不会对训导员的命令产生怀疑，所以尽管它觉得训导员并不正确，但也只能按照训导员的命令，再去搜索嫌疑犯。于是，它再一次搜索嫌疑犯，而且比上次搜索得更加仔细。不过，它还是把那个小偷给叼出来了。它疑惑地看着训导员，哪知训导员对它说："不是他，再去找！"大黄看了训导员很久，之后再次跑过去辨识嫌疑犯。这一次，它更加仔细地辨识，但还是认为自己前两次并没有错。可是，训导员仍然说它认错了，并对它大吼道："绝对不是这个人。"

大黄一直非常信任训导员，所以当听到训导员这样说时，它的自信心被彻底击溃了。它按照训导员的命令，继续搜索嫌疑犯。它焦急地嗅来嗅去，在每一个人的脚下都停留一会儿，但始终没有做出最后的决定。突然,它回头看了训导员一眼,根据训导员的眼神把一个不是小偷的人叼了出来。看到这一幕后,训导员和其他人都情不自禁地大笑起来。大黄不知所措,站在原地发呆。

后来,大黄整天无精打采地趴在那里,眼神也不明亮了,参加训练的时候也非常消极,总是出错。时间不长,大黄就退役了。

训导员也许是为了考验大黄,也许是在与它开玩笑,才会故意这样做,但他却忽略了这样做所带来的后果。大黄本来非常信任他,凡事都会听他的,可经过这件事以后,他就失去了大黄的信任。

只有得到别人的信任,才能让别人打开心扉,并得到别人的支持。我们一定要做一个勇于承担的人,做一个靠得住的人,用自己的实际行动证明自己是值得信任的。

不要被愤怒牵着鼻子走

非洲草原上,故事每时每刻都在上演。那么,当吸血蝙蝠遇上野马,谁将是胜利者呢?

对野马来说,吸血蝙蝠无疑是个"小家伙",即使会吸食鲜血,也还是个"小家伙",完全不用放在眼里。然而吸血蝙蝠就是这样的不识趣,竟然叮在野马的腿上开始吸血。起初,野马使劲儿地摆了一下腿,试图把吸血蝙蝠从腿上甩到地上,到时它就可以用蹄子把那可恶的"小家伙"踏扁了。然而,让野马气愤的是,它竟然失败了,"小家伙"仍然牢牢地叮在腿上。愤怒的野马开始用更大的力气摆腿,它还是失败了;接着它再一次用力,仍然没有成功……最后,野马愤怒了,它开始狂奔。遗憾的是，野马在愤怒与狂奔中耗尽了体力，直至死去，也没能把吸血蝙蝠从腿上甩下去。

在吸血蝙蝠与野马的争斗中，似乎是吸血蝙蝠出人意料地战胜了野马。然而，让野马失败甚至死去的，真的是吸血蝙蝠吗？

动物学家们指出，吸血蝙蝠所吸的血量极少，根本不足以令野马死去，并且，吸血蝙蝠也不带毒素，完全不会令野马失控。野马真正的死因是愤怒和狂奔。心理学家们进一步指出，吸血蝙蝠叮在野马的腿上吸食其鲜血这一外因并不是野马死亡的致命因素，而这一外因所引起的野马的剧烈情绪反应才是其死亡的真正原因。

生活中，像野马一样的人并不在少数。很多人碰到一点点不顺心的事就情绪失控，或者暴跳如雷、大发脾气，或者悲伤绝望、自怨自艾，不仅让事情变得更加糟糕，而且对自己的身心也造成了伤害，严重的时候甚至可能会丧命，这听起来似乎非常愚蠢，但大多数人却都在做这样愚蠢的事情。

心理学将情绪分为喜、怒、哀、乐四大类。其中，怒是一种很普遍的不良情绪，它会让我们失去冷静和理智。

生活和工作中，很多事会让我们不顺心，很多人也会让我们难以忍受，这些都会引起我们的怒火。很多人发怒之后，不能够控制自己的怒气，他们会被愤怒牵着鼻子走，做出错误的决定。因此，一个情绪化的人，一个不能够控制自己怒气的人，很难获得别人的认可，也很难取得大的成就。

皮索恩就是一个不会控制自己怒火的军事领袖，他虽然很有指挥才能，但总是会在情绪的驱使下做出一些不理智的事情。有一次，皮恩索手下的两名士兵外出侦察，却只有一个回来了。当皮索恩询问他另一个士兵的下落的时候，他说不上来。皮索恩怒不可遏，当即决定绞死这个士兵。

就在这个士兵将要被绞死的时候,他的同伴回来了。这时候士兵们很高兴,他们觉得自己的战友得救了。于是,他们找到皮索恩,心想,他也会因手下回来而高兴。但结果出人意料:领袖由于羞愧而更加愤怒,结果连带着把失踪回来的士兵以及没有立即执行命令的刽子手一起处死了。

作为一个军事领袖,皮索恩由于没有克制自己的冲动,在短时间内竟处死了三个人,在这样的举动之下,他在士兵中会树立一个怎样的形象?假如你是皮索恩的上司,得知他这样处理军务之后,你会怎样对待他?还会将军事指挥权赋予他吗?因此,能否有效驾驭自己的情绪,控制自己的脾气至关重要。

拿破仑在19世纪初的时候纵横欧洲,所向披靡,但是这也引起了很多人的不满。1809年1月,拿破仑正在西班牙的时候,中欧发生了一场新的战争危机,拿破仑命内伊和苏尔特率兵驻守西班牙,自己返回法国。当时,塔里兰是法国的外交大使,他秘密筹划着一项活动,旨在造反。拿破仑刚一抵达巴黎,拿破仑的情报员就将塔里兰密谋造反的事告诉了他。接着,拿破仑召开了一次会议,各大臣奉命前去参会,塔里兰也不例外。

拿破仑其实也察觉到塔里兰的不忠,但是苦于没有证据,因此既愤怒又苦恼。会议开始时,尽管拿破仑旁敲侧击地点出塔里兰的阴谋,但塔里兰却面不改色。为此,拿破仑的情绪非常激动,自然无法遮掩自己的内心活动,于是走到塔里兰跟前说:"某些大臣图谋不轨,巴不得我早点儿死掉!"面对这样的形势,塔里兰依旧坦然自若,透过他的眼睛,在场的人只可以看到一丝疑惑的神情。这时,拿破仑再也按捺不住了,他朝塔里兰吼道:"我授予你至高的荣誉,赐给你大量的财富,你却阴谋造反！如此恩将仇报，你还配做人吗？我觉得你跟穿着丝袜的狗没什么两样。"一阵咆哮之后，拿破仑头也不回地走了，大臣们则你看看我，我看看你，满脸惊讶。

在这之前，众大臣从未见过拿破仑这样失态过。没想到的是，塔里兰这时仍然显得非常镇定，他缓缓地站起来说："如此体面的人物今天居然这样粗鲁，我感到很震惊，在座的各位也觉得很意外吧！"后来，塔里兰扬言："这是失败的开端。"拿破仑怒斥塔里兰的消息不胫而走，在人们之间引起重大反响。正如塔里兰所扬言的一样，此后，拿破仑的声望大大降低，他的政治生涯走上了下坡路。

拿破仑难以抑制自己愤怒的时候，就是他失败的开端。其实对于任何人都一样，当你的内心被魔鬼占据，迷失了心性，还谈什么成功？

我们要想做对事，要想取得一个又一个的胜利，就要培养自己的心理素质，学会控制自己的愤怒，沉稳冷静地做事，一步步走向成功。

美国研究应激反应的专家理查德·卡尔森曾说："人们要接受一件事，那就是生活是不公平的，任何事情都不会按计划进行。遇到不顺心的事情时，要冷静下来，要理解别人，不要让不良情绪牵着鼻子走。只有让自己保持良好的心理状态，避免垃圾情绪的影响，才能够总是以最好的形象出现在别人面前，才能获得更多人的认可和支持。"

杰斐逊是美国众议院的一名议员，他一直想要竞选市长。在初期的演讲中，他取得了一些选民的支持，但是相对于自己的对手，杰斐逊显得有点势弱。有一天，杰斐逊遇到了一位他竞争对手的支持者——一位银行家，杰斐逊礼貌地与他打招呼，但是这名银行家非常傲慢，他说："没有我们财团的支持，就你，如果你活得长一点儿，或许可以竞选成功。"

杰斐逊当时被气得话都说不出来了，银行家的话无疑是讥笑他没有更多的支持，没有前途。但是杰斐逊却很好地将他的气愤转变成了一种动力，更加努力地演讲、竞选。通过一轮又一轮的竞争，民众逐渐认识到了杰斐逊的真诚，杰斐逊也在最后时刻成功逆转，当选市长。

意大利商人安东尼·迪比奥在谈及自己成功的经验时说："我并不是什么天才，在这世界上比我聪明、有才华的人比比皆是，我之所以能够超过他们取得成功，只是因为我比他们更善于控制自己的情绪而已。"其实，控制情绪并不能说是一项技巧，而是一种心态，是心理强度的外在体现。

仔细观察你的周围，哪一个成就非凡的人不是沉稳冷静？所以，我们无论身处何种境地，都要保持一种稳重的心理状态，不要让愤怒牵着走。只有这样，才能够做出正确的选择，才能够让别人看到你的成熟心态和应变能力，并且赢得更多的支持。

保持清醒，克制自我

一个父亲上班时间受到老板的指责，一进家门正好看见自己的孩子在地上跑来跑去，父亲气不打一处来，把孩子大骂一顿。孩子心里也不高兴，看身边的一只猫正在打滚，就狠狠踢了一脚。猫大叫一声，迅速蹿了出去，这时正好一辆车开来，司机赶忙避让，撞伤了一旁玩耍的孩子。心理学家将这种现象称为"踢猫效应"，这是一种典型的不良情绪传染。人的糟糕情绪会一个接一个地传染，让毫无关系的他人成为最后的牺牲品。

人的不良情绪会相互传染、积累，并且程度越来越深。有些人被坏情绪侵袭，就将情绪传染给别人，谁知传来传去最后还是传到自己身上，弄得自己的心情一直无法恢复平静。

某公司上个月在中层领导会议中提倡：公司中层领导以上员工，在工作中都要保持好心情。所谓"老板不笑，员工烦恼"，如果领导总是表情严肃，眉头紧锁，员工也会产生相应的情绪，从而影响工作效率。如果领导情绪良好，手下员工也能保持心情愉悦。

作为公司中层领导的艾丽莎也积极倡导这次提议，不过她以为领导只是随口一说罢了，也没当回事。哪知领导真的当真了。一次艾丽莎查询工资卡，发现该月工资少了几百块钱，于是就到人力资源经理那儿要解释。人力资源经理说："你在公司的表情不好，员工情绪也受到影响，因此扣去了相应的罚金。"

艾丽莎本身就不喜欢笑，平时上班基本没有笑容，而且还喜欢发脾气。一次她领导的部门开会，下属们看她面部没有一点儿表情，以为她心情不佳。下属心想这时候进去肯定会挨骂，所以很多人都长时间在办公室门口等待，而且大家的心里也都忐忑不安，充满恐惧。

像这样的事情还不止一次。有好几次，部门员工都受到艾丽莎的情绪干扰，变得没有心情工作。正好公司出台了这样的规定，艾丽莎被员工举报了。

传递不良情绪被处罚金的规定听起来似乎很搞笑，但这也说明情绪传染的力量确实很强大。如果一个人不约束个人情绪，随意让它流露、传播，那么他身边的很多人都会被他的不良情绪感染，从而给生活和工作带来负面影响。

情绪传染与细菌传染，病毒传染一样，使人的情绪和行为在不知不觉中受他人的影响和支配，忽略对自己原有的考虑和打算。情绪感染会将一群人的情感统一在一起，使人放弃平常抑制个人行为的社会准则，全由他人情绪控制自我。例如几个小姑娘晚上在黑暗的乡间小路行走，其中一个姑娘跳起来说："我看到有个黑影从这儿飘过去了，不会是看见鬼了吧。"这时，她的恐惧情绪立刻会传染给她的同伴。紧接着另一个姑娘说："啊呀，我也看见了，怎么办？"接着这种情绪一个一个传递到其他人身上，这时所有人都胆战心惊，乱成一团，早忘了自己来这儿要干什么，总之就是使劲向前狂奔，赶快离开这个地方。

人的情绪是会传播的，因此，我们一定要学会控制自己的脾气，保持情绪稳定、头脑清醒，这样才能给自己和对方都留出一定的天地。在生活中我们常常可以看到，一个人会因为批评或者某些烦心事而心存怨气，这些怨气往往以对别人发怒的形式撒出来，从而引起别人的怨气，这样会激发更多矛盾。

三国时的张飞脾气非常暴躁，他在阆中镇守时，听说二哥关羽被害，旦夕号泣，血泪衣襟，并喝得酩酊大醉。酒醉后，怒气更大，帐内帐外，只要士兵有过失就鞭打他们，以至多有被鞭打至死的。他还下令军中，限三日内制办白旗白甲，三军挂孝伐吴，但属下张达、范疆禀告一时无法完成，张飞便鞭打了二人，并威胁完不成就将二人斩首。张飞这天夜里又喝得大醉，卧在帐中。范、张二人探知消息，初更时分，各怀利刃密入帐中，把张飞给杀了。

一员勇猛大将只因为不能控制情绪，随意迁怒他人，就被手下杀害，可见负面情绪随意发泄的严重性。我们只有保留一定的清醒，用宽容的态度对待他人，不随意发脾气，才能保住自己的权威和风度，才可能使众人心悦诚服。

每个人都会遇到压力，都会有不高兴的时候，这种情绪随意发泄出去容易造成严重后果，憋在心里又容易使自己身心受到伤害，怎样才能保持心理的平衡状态呢？

其一，要学会"制怒"。面对突发事件要控制住自己的情绪，厌烦、压抑、忧伤、愤怒等消极情绪会造成紧张甚至是充满敌意的气氛。即使你没有迁怒、打骂他人，他人也会因为你脸上的怒气或者面无表情的脸而产生惧意，而这样的坏情绪会直接影响周围人的情绪。所以，当情绪变坏时，一定要让自己冷静下来再去面对他人。将脾气控制在一定范围内，先调整好自己的心态，再去处理事情，长期坚持下来，就能够控制自己的怒气，做到自己的情绪不影响他人。

其二，学会正确地发泄，而不要随意迁怒他人。怒气长期憋在心里，对自己的身体和心理健康都是有害的，因此一定要学会正确发泄或疏导自己的不良情绪。可以将自己心中的愤懑和不平向关系亲密的人倾诉，得到他们的安慰，或者仅仅是倾诉也能够消除你的怒气；向使自己愤怒的人说明你的不满，并说出自己的意见，往往可以使矛盾解除；用恰当的方式发泄自己的不满，比如打拳泄愤等，都可以将怒气发泄出去。

只有真心才能换来真心

一个人想要另一个人接受自己的请求，最重要的是打动对方的心。怎样打动对方呢？除了一些表面的技巧之外，最重要的是"精诚"二字。如果你足够精诚，对方就会觉得你是真心的，愿意帮助你。

正所谓以心换心，人们认可别人的前提是得到对方的认可。我们需要做的是获得别人的认可，或者实现自己的价值，而这就需要精诚，只有让别人看到自己内心的真诚，才能换取别人的真情实意。

《庄子》中有这样一个例子：

孔子在鲁国的时候，两次遭受冷遇。在卫国的时候，被驱逐出境。在宋国，更是被砍掉讲学遮阴之树。之后，孔子和他的学生们又被围困在陈国、蔡国之间。接连的挫折让孔子非常郁闷，一次，他遇见了一位老渔夫，他从老渔夫的言语中看出对方很有学问，于是就将自己的境遇一一告知，且询问原因。老渔夫说："真者，精诚之至也。不精不诚，不能动人。"

精诚所至，才能让别人觉得你够真，你才能打动别人。那么，精诚的表现是什么呢？那就是诚心、恒心和毅力。"汉初三杰"之一的张良（字子房），是帮助刘邦推翻暴秦、建立汉朝的功臣，智谋无人可比。就连汉高祖刘邦都曾经说过："夫运筹帷幄之中，决胜于千里之外，吾不如子房。"张良的智谋是天生的吗？当然不是，他也是因为抓住了机会，通过自己的毅力和恒心感动了他的老师，最后得到他老师的倾囊相授，才最终能够用自己的智谋辅助刘邦完成大业。

张良本来是战国时期韩国的贵族，他的祖父和父亲都当过韩国的宰相，不出意外的话，张良也将成为韩国的宰相。但是，秦国崛起，秦始皇以秦国之地成功吞并六国，统一天下，使得张良失去了子承父业的机会。因此，他注定是要以反秦为己任的。他策划了刺杀秦始皇的行动，虽然计划很好，但是很可惜失败了，于是他只能隐姓埋名躲藏起来。

有一天，张良出门散步，走到一座桥上时，遇到了一个老人。老人看到张良后，把自己的鞋子丢到了桥下，然后让张良帮他捡回来。张良觉得，老人没鞋子行动不便，帮他捡回来也没什么，于是就去捡了鞋子。但是没想到过分的是老人居然让张良帮他把鞋子穿上，张良很生气，但想到对方是老人，自己应该尊敬，于是帮老人把鞋穿上了。老人好像对张良很是满意，对他说："你这个人很不错，我先走了，我们五天后在这个位置再见一次。"张良觉得,既然这个老人提出再次见面就一定是有什么事情,所以他决定五天后再来一次。

五天之后,张良早早地来到他和老人见面的地方,但是却惊讶地发现老人早就站在那里了。老头见到张良来了很生气,说自己等他等得很累,五天后再见面。

五天之后,张良再一次来晚了,当然老人又生气了,于是又约定了五天之后再见。

这次,张良决定不能再这样了。于是他在第四天的半夜就在桥上等候,这次终于比老人来得早了。张良经受住了老人的考验,他的真诚、坚持、隐忍的精神也感染了老人。于是老人收张良做了徒弟,并传授了《太公兵法》给他。从此之后,张良专心研究兵法,并最终辅佐刘邦成功地推翻秦朝,建立了大汉朝。

人都有感恩之心,相知相惜就是一种恩情。我们平时待人处事的时候,也要足够真诚,拿出自己的真心,换取别人的真心。

微笑让别人不忍拒绝

我们经常会说这样一句话:"爱笑的人,运气通常都不会太差。"也经常说:"伸手不打笑脸人。"由此可见,微笑在生活中是多么重要。从心理学上讲,微笑能够在短时间内拉近人与人之间的距离,是人类表达善意的一种方式。美国密歇根大学的心理学教授詹姆斯曾经说过这样一句话:"面带微笑的人,通常在处理事务、教导同学或者销售行为上,都显得更有效率,也更能培养出快乐的孩子。笑容比皱眉头表达的信息更多。"

人类的笑容有很多种，比如大笑、微笑、偷笑、嘲笑、冷笑，等等，不同的笑容具有不同的意义，可唯有微笑能给人如沐春风般的感觉，会让人觉得心旷神怡。微笑是世界上最美的语言，蕴藏着巨大的能量，传递着人们心中的善意、温暖、关怀、鼓励、感恩、自信、赞美、幸福，等等。

生活就像一面镜子，你对它微笑，它也会报之以微笑。在高压力、快节奏的生活中，人们脸上的笑容逐渐减少了，每个人的脸上呈现出的都是不同程度的疲惫。于是，微笑也逐渐成为一种稀缺资源。但是，微笑作为人类的一种本能反应，实在不应被大家抛弃，它作为一种表情语言，可以表达一个人自信、乐观的心态以及友好和善意，也可以让自己紧皱的眉头舒展开来，缓解自己工作上的压力。除此之外，微笑还可以化解人与人之间的矛盾，消除剑拔弩张的紧张气氛，消除对方的不良情绪。

小王考完驾照后，心情激动地开车上路，由于缺乏经验，一路开得都非常谨慎。但是在一个十字路口等红灯的时候，他的车还是向后溜了一下，撞到了后面的车。对方下车之后说道："你是怎么开车的，那么远的距离还会溜车？"小王看着对方满脸怒气的样子，没有反驳，而是笑着说："朋友，我真不是故意的。我刚刚拿到驾照，对这里的路况不太熟悉，没有注意到这是一个缓坡，再加上紧张，刚才脚不自觉地松了一下刹车，给你带来的麻烦，我是真心感到抱歉。"对方看到小王脸上诚恳的笑容，再加上只是轻轻碰了一下，并没有什么损失，于是就说道："算了，反正也没出现什么问题，不过以后你开车可要小心点儿，发生什么大事故就麻烦了。"小王听后，连忙表示自己一定会注意，最后对方在小王的微笑攻势下消了火气。

威尔·科克斯曾经说过这样一句话："当生活像一首歌那样轻快流畅时，笑口常开乃是易事；在一切事都进展不妙时仍能微笑的人，才活得有价值。"我们展现微笑时，虽然大多数情况下自己都不能看到，但是别人却可以从你的微笑中看到你的自信和乐观。康奈尔大学的罗伯特·克劳特教授曾经做过一项调查，他在保龄球道上安装了针孔摄像机，拍摄投球者的面部表情，结果发现当人们投出好球、得到高分时，大部分人并没有像大家想的那样露出高兴的笑容，真的这样做的只有4%。得到高分之后转过头向同伴们展示时露出笑容的人，却高达42%。这项调查充分说明，微笑在大多数情况下发挥的是一种交际功能，而微笑的交际作用非常有感染力，能够得到他人的积极回应。

也许有人会说，当一个人非常生气的时候，是笑不出来的，这时候还勉强自己保持微笑，不是强人所难吗？也有人会说："我还没有见过两个在争吵的时候还能保持微笑的人。"其实，在争吵的过程中正是因为人们不能保持微笑，才会使得矛盾激化，朝着更坏的方向发展，最终因为恶言相向，导致难以收场。如果这时候可以展现微笑的话，微笑在关键时刻就会像一缕春风一样，吹散人们心中的不快，化干戈为玉帛。

M在乘坐飞机的时候，想起来自己的药还没吃，于是就请一位空姐帮自己倒一杯水。那位空姐很有礼貌地说道："先生，为了您的安全，等飞机起飞平稳之后我会尽快把水给您送过来。"M觉得空姐说得很有道理，于是欣然同意。

但是过了半个小时，飞机早已进入了平稳飞行期，空姐还没有把水送过来，M非常生气。按过服务铃之后，刚才的那位空姐端着一杯水匆匆地走了过来，说道："对不起，因为我的疏忽耽误您吃药的时间了，真的十分抱歉。"在整个道歉的过程中，那名空姐都保持着微笑。但是M并不领情，仍然生气地说道："你是怎么服务的，这就是你们的态度吗?"这名空姐知道是自己的不对,一直在给 M 道歉,但是正在气头上的 M 实在是不愿就这么原谅对方的疏忽。

在接下来的航程中,每次到了服务时间,那名空姐就会来到 M 的座位旁边,微笑着询问他是否有需要服务的,M 每次都说不用。等到飞机快要降落的时候,M 提出要在留言本上留言。空姐以为 M 是要批评自己,但是基于职业操守,空姐仍然笑着说道:"先生,鉴于这次给您带来的不便,我再次表示我的歉意。至于您的建议和批评我都会虚心接受。"听完空姐的话,M 没有说什么,只是认真地在留言本上写了起来。等到航班降落,乘客们都下去之后,那名空姐打开了留言本,发现内容竟然是一封表扬信。

留言中有这样一段话:"在飞行途中,你为自己的疏忽表现出了真诚的歉意,特别是你的微笑一次又一次地出现在脸上,深深地感染了我,也正是你脸上的微笑使得我写下这封表扬信,希望下次还可以乘坐有你服务的航班。"

生活就是这样,你以微笑待人,别人会感受到你的诚意和善良,所以用微笑表示道歉,更容易获得别人的原谅。

让尴尬走开,交流才能正常进行

只有在融洽的氛围中,双方的交谈才能够正常进行。然而,很多人却不懂得交谈的技巧,他们在交谈时,难免会遇到一些尴尬。遇到尴尬不可怕,可怕的是不知道如何从尴尬中解脱出来。一个在交谈中懂得化解尴尬的人,一定是一个受欢迎的人。

公司一位女同事结婚了，大清早地就在公司派发喜糖。大家恭喜祝福的话不断，气氛十分活跃。这时，一位男同事嬉笑着问一位33岁还未结婚的女同事："什么时候可以吃到你的喜糖呀？"大家都望向那位女同事。女同事的脸红了一下，迅速把脸转向旁边的一位女同事，指着她戴的耳环问："你这耳环设计很特别啊，很好看，在哪买的呀？我也想买。"于是两人就兴致勃勃地谈论起耳环这个话题来，那位男同事的问题就被抛下了。

大龄女子尚未结婚，对当事人来说，大多数都是有所芥蒂的。在大庭广众之下，被人问到这个问题，难免尴尬，要是做出了不好的回答，说不定还会引来大家的闲话。案例中的这位女同事反应不慢，她迅速地把话题转移到同事的耳环上，这样就回避掉了让她尴尬的问题。提问的人见到这种情况，自然也意识到自己问了不该问的问题，大家也明白，于是人们不再继续谈论这个话题。所以，转移话题是摆脱尴尬的基本方法之一。我们可以尽量圆融地去使用这一方法，让尴尬在不知不觉中被化解。

英国首相丘吉尔在担任海军大臣一职期间，曾经学过开飞机。他学得很用心，把负责训练他的军官都累坏了。不过丘吉尔虽然在政治上十分有手腕，但是在操纵飞机上却不那么得心应手。各种各样的仪表，让丘吉尔眼花缭乱。

一次，在飞行途中，天气很糟糕，一段16英里的航程足足花了丘吉尔三个小时的时间。好不容易着陆，丘吉尔赶紧从机舱里跳了出来。但是他刚一落地，身后的飞机竟然再次飞向天空，一头冲到海里去了。旁边的军官们目瞪口呆。

原来，丘吉尔忘了操作规程，慌乱之下又把引擎发动了起来。看着飞机"英勇"地殒身大海，丘吉尔也呆住了。不过他并没有太过惊慌，他摸摸自己的头，自我解嘲道："这飞机跟我也有段时间了，好歹有些感情吧。想不到这么不够意思，刚离开我，就奔向大海的怀抱了。"

一句话让紧张的气氛得以缓解，丘吉尔也得以摆脱尴尬。

很多时候，自嘲这种方法都可以将自己从尴尬中解脱出来。自嘲能使自尊心通过自我排解的方式得到保护，也可以体现出说话者的风度和机智。不过要注意，自嘲实质上是当事人采取的一种表面消极、实质积极的方法。

安徒生是丹麦著名的童话作家。他经常戴着一顶破旧的帽子在街上溜达。这天，他如往常一样，在街上走走看看，迎面遇到了当地一个富翁。这个富翁看到安徒生头上那顶破帽子，于是嘲笑道："你脑袋上边的那个玩意儿是什么东西，可以算是一顶帽子吗？"安徒生马上回敬了一句："您帽子底下的那个玩意儿是什么东西，可以算是一个脑袋吗？"

安徒生的聪明在于，他能直接仿造对方的话，对对方进行反击。那位富翁本想嘲笑安徒生衣着破旧寒酸，没想到反被安徒生嘲弄了。安徒生的这种方法叫作"仿拟话语"，就是用对方的句式，造一个相似但意思完全不同的句子反击回去。这种方法常常可以让别人"自己打自己嘴巴"。当别人尴尬的时候，我们自己自然就不尴尬了。

有一次，美国的里根总统正在白宫的钢琴演奏会上讲话，这时夫人南希一不小心连人带椅摔到了台下的地毯上。这自然引来了台下的人一片尖叫。众目睽睽之下，南希没有慌乱，而是灵活地爬了起来，在大家的掌声中重新回到了自己的座位上。台上正在讲话的里根看到夫人没有受伤，心里松了一口气，在重新开始演讲之前，里根说道："亲爱的，我告诉过你，只有在我的演讲没有获得掌声的时候，你才需要出动这样的表演。"一句话，让台下的观众大笑起来，掌声顿时响了起来。而刚才夫人摔倒的尴尬自然也得到了化解。

其实，不只是身边的人，我们自己也经常会碰到一些意想不到的事情，要么是自己失言失态，要么是对方反应不如预料的好，要么是周围环境出现了没有预料到的变化等。这样的情景往往会令我们进退维谷，狼狈不堪。为了不使自己久久陷于难堪之中，我们有必要掌握一些技巧，针对具体情况替自己打好圆场。

假如无意中说了伤害别人的话，即便别人表面上装作不介意，你也不能不做出任何反应，这时候，最好的方法就是真心实意地道歉。你可以说："对不起，我为刚才的失言向你道歉。""对不起，我不知道自己在想什么。""太不好意思了，请你原谅！"

如果是打招呼时，忘记对方的名字，则可以尝试自报家门的方法，伸出手做个自我介绍，对方也十有八九会做出相似的回应。其实，在你忘记对方姓名的同时，对方也可能忘记你的姓名，先说出你的姓名也能缓解对方的不安，并为他提供了自报家门的机会。

如果别人问到了你不愿意回答的问题，可以转移话题或者装作没有听到对方的发问，随意聊一些无关紧要的话题。另外，沉默也不失为一种好方法，你可以淡然一笑，对方就会感觉自己的问题有点儿唐突了。

第七章
反向博弈：在不知不觉中干扰对方的心理

谁说博弈就只能是针锋相对的较量？真正充满智慧的博弈手段，是以一种类似于"障眼法"的方式，进行反向博弈。如果你很强大，你就故意示弱；如果你并不自信，那就假装强大；如果你能洞察一切，可以装成一个"笨人"。这种"装"出来的博弈，会在对方的意识里形成一个假象，也更容易达到你自己的目的。

制造错觉，冲动比思考更容易控制

当你做出某个决定后，你是不是非常坚定地认为自己是在非常理性的情况下做出的选择？你是不是认为自己因为感性冲动而做出选择，对于自己来说只是偶尔的事情？然而事实真的如此吗？心理学研究表明，这其实只是我们一厢情愿的错觉。

事实的真相可能完全出乎你的意料，恰恰相反，人们几乎总是先依据情绪和喜好做出感性的判断或习惯性的选择，然后再利用逻辑来为这种判断和选择找出看似合理的理由。

春天，各种应季水果轮番上市，卖水果的小商贩为了把冬季储存的水果尽快销售出去，会找一些新鲜的叶子摆在水果上，这些新鲜的叶子并不是他们正在买的水果的叶子，但是却让人觉得这些水果也很新鲜。于是，顾客们因为这几片新鲜的叶子而买了在冷库中储藏了一冬的水果。

钻石和其他宝石比起来其实并不具有太多的优势。从蕴藏量来说，蓝宝石、红宝石和绿宝石远远比钻石来得罕有，可在现在人们的认知中，却远不如钻石有价值。让女性朋友对钻石"忠贞不贰"的其实是那些"浪漫"的广告语，它们刻意地强化了钻石和浪漫爱情的联系。由于这种错觉渐渐深入人心，一块普通的石头，便变成了无坚不摧的营造奢侈浪漫爱情氛围的利器。

以上两个例子都是运用了人们感性思维的冲动性。生活中，小到选择一件商品，大到一个重大的商务活动，甚至选择一生的伴侣，感性思维都是左右我们的判断和选择的首要和关键。购物时，我们很有可能会因为导购小姐的微笑和恰到好处的讲解和赞美产生愉悦之情，进而觉得这家的商品品质应该也是令人满意的。要是导购能够用语言让我们对使用产品后的效果浮想联翩，使我们感觉用上这个商品后会得到很不一般的体验，我们就会激动地掏空腰包。而在这个过程中，我们很可能对商品本身的品质完全没有仔细推敲。

因为商品代言人而决定使用某款产品也是一种很感性的认知。如果对代言人喜欢就会接受他代言的产品，而如果厌恶商品的代言人就会武断地拒绝他代言的产品。

无论是热情的服务人员，还是让我们追随的代言人，和商品本身并没有太大的关系，只是我们的感性思维将他们联系了起来，形成一种错觉，让我们做出判断和选择。

想要让对方听自己的，就要设法启动他的感性思维。理性思维模式下，对方会考虑很多因素，往往会比来比去，思前想后。而在感性思维下，人们做出决定的速度相对来说会快很多。感性思维的最大特点就是冲动。利用一些方法就能将对方的思维模式切换到感性思维模式下，对方就会很容易答应我们的请求。

小李就职于一家房地产公司销售部。这天，一对夫妻请她帮忙找一套二手房。

正好小李手里就有一套二手房，但是因为户型不是特别好，所以迟迟没能出售。于是小李便带着客户来到这套房子的前面。

这套房子对面是个小池塘，此时正值仲春，池塘边上杨柳依依。女客户兴奋地对她的老公说:"我小的时候,家前面也有一个池塘,池塘里满是荷花,夏天晚上蛙声一片!"

说者无心,听者有意。小李听到了女士的感慨,就有了自己的主意。

当小李引领他们走入这套房子后,丈夫开始用挑剔的眼光东瞧西望,嘴里说着:"这套户型不太合理!餐厅这块采光太不好了!"小李诚恳地说:"是的,没错。但是,外面的景致好啊。您看从这里只需一瞥,就能看到外边的那个美丽的小池塘了。"妻子立即从餐厅的后窗看出去,果然可以远远望着小池塘,于是脸上有了微笑。

进入卧室,丈夫便开始抱怨卧室面积太小。这时,小李又说:"这间卧室是不太大,不过放一张床,一个柜子是没问题的。而且您从窗户往外看,窗户正对着池塘,池塘的美景尽收眼底。"妻子站在窗口,一副很陶醉的样子。

回来的路上,女主人就跟小李说了签单的事儿。因为她对小池塘的钟情,使她对于房子其他方面都不在意了。最终,这对夫妇按照这位女士的意愿买下了这套房产。

整个过程之所以如此顺利,就是因为小李通过自己的观察,找到了顾客感性思维的触发点——重温梦想的冲动和情感。大多数人做事,都是先感情用事,然后在逻辑上将其合理化,以获得内心的安宁和平静。也就是说,当你照顾到了对方的情感需求,不用你费尽心思去解释,他自己就会主动去找与你合作的理由。

可以说,人们生活的每一个环节、每一个选择都受情绪的影响。你需要做的是必须明白对方内心真正想要的感觉,从而可以通过制造他想要的错觉来吸引对方。然而,人们的情感世界是丰富多彩的,也是因人而异的。想深入探寻对方的情感世界,了解对方的情感喜好,是需要很强的洞察力的,必须迅速找到对方的"软肋",才可以让对方快速做出决定。

关键时刻伸出手,更能征服人心

人生起起伏伏,今天的成功者可能成为明天的失败者,昨天的失败者可能是今天的成功者。这种现象,在当今社会并不罕见。

在我们周围不乏落魄者,他们很可能是从"天上"掉到"地下"的,其痛苦心情可以想象。在这种际遇下,很多人都会自惭形秽,觉得没脸见人,而有的则更加自尊、敏感,对他人对自己的态度往往异常关注。此时,如果我们"幸灾乐祸",对方自然会对我们失望至极,甚至会产生报复心理。在这种情况下,博弈高手会选择伸出手,拉对方一把。

周定王二年(公元前605年),楚令尹斗椒趁楚庄王伐陆浑之戎之机,率本族若敖氏发动叛乱,欲置楚庄王于死地。楚庄王经过艰苦作战,终于将叛乱平息,巩固了君位。事后,论功行赏,在渐台大摆酒宴,招待群臣,欢庆胜利。一时间,渐台之上,文臣武将云集,妃嫔歌女陪伴,热闹非凡。

楚庄王更是兴致勃勃。他大声宣布:"我已经六年多不击钟鼓娱乐了。今日平定奸臣叛乱,国家安定了,我愿意同大家尽情娱乐一天,共享太平。我们这个宴,就叫太平宴。"

众臣听罢,齐声附和,连连称赞。

楚庄王接着下令:"朝中文武官员,不论官职大小,都可以入席赴宴，尽情畅饮。"

大家一齐拜倒感谢，遂依次入席就座。

宴会开始，侍者来来往往，将美味佳肴呈献在群臣面前。乐师奏起了欢快的乐曲，歌女跳起了轻柔的舞蹈，群臣频频举杯庆贺，到处洋溢着欢乐的气氛。

不知不觉，天色已晚，但大家仍兴致不减，楚庄王于是命人点上蜡烛，继续欢宴。

喝到高兴处，楚庄王一时兴起，也忘了什么君臣之礼，命自己最宠爱的许姬给大家送酒助兴。众臣见状，又惊又喜，慌忙起身回谢，站着将酒饮下。

突然，一阵风吹来，所有的蜡烛全部被吹灭，眼前一片漆黑，堂上顿时有些混乱。楚庄王命令左右赶快去取火点蜡。

这期间，有一个人因垂涎于许姬的美貌，加之饮酒过多，难于自控，便趁黑暗混乱之机，抓住了许姬的衣袖。

许姬一惊，左手奋力挣脱，右手趁势抓住了那人的冠缨，由于用力过猛，将冠缨揪了下来。那人吃了一惊，酒醒大半，也慌忙松了手。

许姬拿着冠缨来到楚庄王面前，附在他耳边轻声说道："我刚才奉您的命给大家敬酒，有一个人对我非礼，趁蜡烛熄灭之机硬拉我的衣袖不放。我已经把他的冠缨揪下来了，您可以点上蜡烛查一查是谁干的。"

楚庄王听罢，略加思考，却命令左右先别点蜡烛，并大声宣布："我今天举办宴会，有约在先，要同大家尽情畅饮，一醉方休。现在大家都要去掉冠缨，举杯痛饮，凡不去掉冠缨者，将被我们视为不受欢迎的人。"

此语一出，大家纷纷将冠缨去掉，以示响应。之后，楚庄王方下令点亮蜡烛。这时，大家冠上都没有了缨，刚才拉许姬衣袖的人自然也无从查起了。

宴散之后,许姬埋怨楚庄王不该如此迁就臣下的无礼举动。楚庄王笑着解释说:"我今天宴请群臣,是让大家尽情欢乐。一些人酒后失态,是人之常情。我如果追查这件事并对之进行处理,保全了你的名节,却伤了臣下的心,使大家都感到扫兴,这就违背了我宴请大家的初衷啊!"

许姬见楚庄王说得在情合理,遂转怒为嗔,对楚庄王更加敬佩了。此事传出,大家纷纷称赞楚庄王处事得体,遂称此次宴会为"绝缨会"。

后来楚庄王攻打郑国,有一位大将独自率领几百人,为三军开路,过关斩将,直捣郑国的首都,而此人就是当年拉扯赵姬衣袖的那位官员。他因楚庄王施恩于他,而发誓毕生孝忠于楚庄王。

试想,楚庄王若是一个小肚鸡肠的人,当场把调戏赵姬的人抓出来,一定会让对方名誉扫地,甚至恼羞成怒。而他善意的举动不仅维护了对方的尊严,更为自己笼络了一员猛将。是得是失,一目了然。

在重要关头帮人一把,拉他一下,他会在心里感激你一辈子。即使你是一个不图回报的人,在别人需要你的时候、困难的时候、走入瓶颈的时候,拉人一把,也可以唤起自己一颗善良的心。

陈羽与刘涛在一起工作了多年。在工作中,陈羽表现平平,只是一个小职员;而刘涛则能力很强,已成为销售部的经理。两个人的交往并不密切,只是私底下的点头之交。

一次,刘涛因涉及公司的重大变故而受到董事长的冷落。祸不单行,刘涛的母亲又意外去世。接二连三的打击让刘涛感到格外悲哀。这时,陈羽很同情刘涛的境遇,在他母亲下葬的那天,陈羽主动帮忙。正值寒冬腊月,其他同事都躲在屋里取暖,只有陈羽一直在外面帮忙处理各种事务。刘涛十分感动,突然觉得陈羽的形象高大了起来。

一年后,刘涛东山再起,重新当上了销售部经理,不久又迅速升任总经理。他难以忘记陈羽在他患难时给予自己的帮助,就努力提拔陈羽为销售部经理。

人非草木,孰能无情。在困难之际,人们内心深处都有情感的需要,希望从别人那里得到关怀、体贴和重视,甚至有时候,情感需要比物质需要更重要。如果我们能忧他人所忧,乐他人所乐,对他人富有同情心,并在别人患难时伸出援助之手,就能很容易征服对方。

当朋友身患重病时,多去探望,多聊聊朋友关心的或感兴趣的话题;当朋友遭遇挫折时,多给予一些鼓励;当朋友郁郁寡欢时,亲切地给予其慰问。这些适时的安慰就像阳光一样,能够温暖受伤者的心田,给他们对未来的希望,更能换来他们对你的感恩戴德。

因此,从此刻开始,别再漠视那些落魄的朋友了,伸出你的手,关键时刻拉他们一把,你就会像磁石一样,一辈子吸引住他们。

告诉他"你一定行",哪怕只是安慰

想要让对方痛快地答应我们的要求,充满激情地为我们做事,最好是对方能将这件事情视为"小菜一碟",绝对可以胜任。可是如果对方会认为事情难度大或者因为其他原因,态度不是很明朗,那么此时你要做的就是用自己的言语和态度去影响对方。告诉对方:你一定行!使别人对自己自信,产生解决问题的动力。

心理学中有一个名词叫"有效的期待"。意思是说,大多数人的天赋与才能都深深地潜伏着,需要外界各种因素的激发,而期待、鼓励、支持、赞扬等这些积极的外界因素,往往更易激发身体中的潜能。这种外在的因素便是"有效的期待"。

戴尔·卡耐基也曾经说过:"大多数人的体内都潜伏着巨大的才能,但这种潜能是酣睡着的,需要被激发。一旦激发,人们便能做出惊人的事业来。"所以,当你想要让对方胜任某个角色,或者为你做某些事情的时候,就要多多给予他正面的激励和评价。做过人员管理和培训的人都知道,越是说一个人行,那么这个人的表现就会越来越好;相反,你越是说一个人不行,那这个人的表现就很有可能越来越差。当然,个别心灵强大的人会有例外的表现,但大多数人是会受到这种心理暗示的。

现在,请你想象一下,假如你是一名销售经理,以下哪种场景更令你的下属对自己和未来充满信心呢？

场景一:

这次销售业绩排名最后的是小杨,她不好意思地走到你的办公室,你越想越生气,开口就说:"小杨,这次你的业绩排名最后！"小杨一脸抱歉,心理百般滋味。你也觉得无话可说,最后让小杨自己回去好好想想。

场景二:

这次销售业绩排名最后的是小杨,她不好意思地走进你的办公室,你心里对她的业绩不太满意,便开口说:"小杨,这次你的销售业绩排名最后啊。"小杨刚要说对不起,你赶紧说:"没关系,不用太在意一次的成败。只要扬长避短,我相信你以后肯定会成为一个顶级销售员的。你的口才很不错,只是一开始分配的营销区域你还无法适应而已,下次你的业绩肯定会追上来的。"小杨满怀信心地走了,回去后开始认真思考自己哪里做得不好。

很显然,两个场景下,第二种是更能激励对方的。但是现实生活中,很多人却任性地做着场景一中的事情,让对方失去积极行动的自信。当一个人的生长环境中充满负面评价时,人的内心深处会习惯性地受到负面信息以及负面评价的影响,进而顺着这种信息,做出对自己比较低的评价。一旦生活中有了挑战,首先就感觉自己应付不来。

要想他人充满自信地为你做事,你需要的是不断激励对方,而不是不停批判。"激励是使别人积极主动地做你希望他们做的事的艺术",所以,生活中做一个懂得激励他人的人,会更易于影响他人向着你所设想的方向发展,进而为你服务。

公司新来的建筑师安德毕业于某知名院校建筑系。初来乍到,安德生怕什么地方做得不好,然而越是紧张越觉得诸事不顺,一连交出的几张建筑设计图纸都没有通过。公司决定让老工程师哈森带一带这个小伙子,哈森有着多年的建筑经验。由于前几次的失利和上司的批评,安德在哈森面前毫无自信,不仅没有继续设计图纸的计划,反而表现出想要放弃的架势。

得知安德是因前几次自己的设计总是达不到要求才变得如此不自信,哈森便真诚地鼓励安德说:"你的设计我都看过,非常具有创新精神。如果再将细节做得合理一些,我相信你一定可以成为一个出色的设计师。"安德被哈森的话感染了,从此不再怀疑自己,渐渐走上"著名设计师"的道路。

积极、正面的语言,能够激发对方的无限潜能,从而有效地影响他人,使对方更好地为自己服务。正面激励影响越大,心态表现也越积极,从而使行动表现得越来越积极。哈森正是利用这样的方式,成功地影响了新来的设计师,使其更好地为公司工作。

激励他人是激发其行动的最有效措施。如果没有这种激励,心理便没有发展的动力,当然也就谈不上行动了。如果你想向他人施加影响,首先要学会肯定对方,使其内心深处产生强大的动力。学会向他人传递你所期望的信息，这会更易于使对方向着你所设想的方向发展。

同情心会让对方卸下防备

人们普遍存在一种怜悯心态，面对弱者的时候，会不由自主地想要帮助一把。比如，当你的成绩不理想的时候，老师看到你忧伤的样子，就会很同情你，甚至会格外给你"开小灶"。初出茅庐的大学生，业务和人际关系自然都不是太成熟，这个时候，如果上司看到你可怜的一面，很可能也会因为同情而多给你一些机会。即便是曾经十恶不赦的大坏蛋，一旦落魄街头，人们也会不由自主地生出一丝怜悯，甚至还有可能会伸手帮助对方。

北宋名臣韩琦曾经与范仲淹一道推行新政，最终官至宰相，但是他从不高傲，在有些场合还会适当地放低自己的姿态，减少官场争端。有一次，他与同僚王拱辰、叶定基等人在开封府主持科举考试。王拱辰和叶定基两个人经常为这一份卷子是否比另一份卷子更好而争得不可开交，在两人争执不下的时候就会找韩琦评判。这时候，韩琦无论站在哪一方都会惹得另外一方不开心，到最后只好选择听而不闻，视而不见，坐在桌前专心判卷。

韩琦本以为自己这样低调，就可以避免陷入王拱辰和叶定基的争论旋涡了，但是没想到的是麻烦还是找上了他。有一天，王拱辰和叶定基再次吵得不可开交的时候，王拱辰看到韩琦不发一言，就跑过来向韩琦嚷道："我说你在这里是练习气度呢？"韩琦听了这带刺儿的话，并没有生气，反而是轻声细语地说道："实在抱歉，都怪我这耳朵不顶事，现在还没弄明白你们在争论什么事情！"韩琦这么爽快地向自己道歉，完全出乎王拱辰的意料，他碰了一个软钉子后只好灰溜溜地闭上了嘴。事后，韩琦又耐心地做了两人的工作，把两人的矛盾给解决了。自此，同僚们都对韩琦刮目相看，礼敬有加。

这个故事其实是告诉我们，面对争执或是别人的攻击时示弱的重要性。在当下的社会竞争和人际交往中，每个人都应该学会适当地示弱，个性很强、不肯让步的人往往难以与别人友好相处。因此，我们要学会让自己表现得柔弱一点儿，如果处处显示出自己强势的一面，锋芒毕露，那么"风必摧之"，很有可能会碰得头破血流，也会让自己同他人的博弈变得困难重重。适当地示弱其实是一种睿智的表现。恰到好处的示弱可以让紧张的局势得到缓解，很好地消除隔膜，是一种非常有效的润滑剂。但是示弱绝对不是软弱，不是一点儿原则也没有，更不是一种自我贬低式的妥协，而是一种谦让的风度，是一种宽容和尊重，是一种表达自己善意的处世之道。在现实生活中，我们更愿意同那些性格和善、看起来没有威胁的人相处，对于个性很强的人则会选择远离，尽量避免自己和他们发生冲突。因为我们知道那些和善的人不会斤斤计较，更加容易相处。

一位刚刚工作的业务员，在谈判中失利。尽管两家竞标企业实力不相上下，但客户最终却决定选择另一家公司的产品。当知道自己失败后，他心情很糟糕，就一路垂头丧气地走回去，路上他一边走，一边不停地掉眼泪。此时，对方公司的人下班了，班车一辆一辆从这个年轻的业务员身旁驶过。大家都看到了他伤心的样子，负责招标的部门经理也透过车窗看到了他。

第二天，业务员接到了这个部门经理的电话，让他再到公司来一趟。经理再次比较了一下两家公司的产品，觉得他家的产品也是不错的，所以决定推掉那个竞争对手，和他签合同。

最后，部门经理说，昨天看到你垂头丧气的样子，背个包，在夕阳的余晖下，一副很悲伤的样子，让我想起我刚刚工作的时候也跟你一样。所以我又好好研究了一下你们公司的情况。

弱者最大的好处就是经常能够得到别人不设防的帮助。扮演弱者博得对方的同情心，这样的办法在心理学上被称为"败犬效应"，即支持弱者效应。年轻的业务员，因为夕阳下落寞的样子而被客户同情，最后客户竟然伸出援手对其加以相助。

所以，当你与对手力量悬殊时，与其表现得视死如归，还不如适当示弱，你的强硬只会让对方更加强硬。一旦你示弱，让对方看到你"一把鼻涕一把泪"的无助情形，他很有可能就会因此停止争斗。即使在很正式的谈判中，这一招同样管用，整个谈判都有可能因为一方的"弱势"而改变。

不过，在这么做之前，你首先要了解对方的心理，明白怎样才能抓住对方最软弱的地方，让对方没办法对你硬起心肠，从而真正博得对方的同情心。最好是能让对方看到你非常可怜、无助的样子，让对方感觉到他是高高在上，而你却是非常弱小的，和你太过计较是一件不好意思的事情。只有这样对方才会因为"不忍心"而对你放松要求，或者卸下盔甲。一旦你成功地通过"示弱"获得帮助，你就成功一半了。

需要注意的是，利用他人的同情心确实是求人成事的一大秘诀，偶尔用之往往具有出奇制胜的效果。但如果总是抱着博取同情心的目的装可怜，不但无法引起任何的同情，反而会让人觉得厌烦，甚至还会招致对方的鄙夷。

被人排挤时，主动示好胜过针锋相对

一个人在公司里的定位，依据其工作职位、人际关系、能力才华等有所不同。有的人可能是各方争相笼络的对象，在公司里人人称羡；但是有些人却没有那么幸运，只是一个循规蹈矩的上班族。不管何种角色，在职场里最令人难过的还是遭人排挤。

遭人排挤并非只有能力强的人才会遭遇，能力弱的人同样也可能遇到。总之，磁场不对，就难免会出现"排挤"之事。

如何看出自己是不是遭排挤呢？例如，同事之间总有一些应酬，但是怎么算都少了你；平日一些送往迎来的交际，你常常不经意地被遗忘，等等。

被排挤有时并不是因为我们自身做错了什么事，而是因为某些外部因素让自己成了不受待见的对象。这时你就要细心分析你被排挤的原因，从而找到解决的办法。

张涛是某外企的部门主管，不知为什么，员工们总是和他保持距离，好像心里很排斥他。这到底是为什么呢？他是应聘来到公司的，也从没有和大家发生过不愉快的事。经过一段时间的观察，他发现自己的顶头上司大卫对员工的态度极为不好，经常公开骂人，对员工极不尊重，因此，员工都不喜欢他。而自己因工作关系和大卫接触较多，所以大家不愿和自己往来，是不是担心自己是大卫派来的耳目呢？想到这里，张涛一下子觉得心里豁亮了许多。

张涛决定找个机会和几位在员工中较有威信的同事谈一谈，把问题解释清楚。

一次大卫外出后，张涛把那几位同事召集在一起说："各位同事，我知道大家有些不大敢和我接触，我也明白其中的原因。今天我要告诉各位的是，我和大家一样不喜欢大卫。此前我并不认识他，更谈不上有什么特殊关系。我到这里来，只是喜欢这份工作而已。说心里话，我很想和各位交朋友，希望大家能接受我。"

张涛话音刚落，周围便响起了热烈的掌声。自此之后，员工们对他的态度有了很大的改变，都很乐意与他打交道。

面对排挤，你不必非得针锋相对地以牙还牙，有时候一个善意的举动就可以帮助你解除对方对你的排挤，甚至热情拥抱你。

潘敏在某家塑料制品企业的经营部上班。一天，经理心急火燎地过来问："杨丽呢？她的那份合同做好了没有啊？"恰巧杨丽因为私事出去了，听着经理责怪的口气，办公室里的其他人都装不知道，反倒是平日里一直被杨丽排挤的潘敏回应说："杨丽刚刚出去，可能上厕所了吧，您需要哪一份合同？"

"就是与宏达塑钢窗厂签订的那一份合同，越到节骨眼儿上越找不着人！"经理很着急。

"杨丽一会儿就回来，我先找一下。"经理走后，潘敏马上给杨丽打电话，找到了那份合同，及时给经理送了过去。

事后杨丽听说是潘敏在关键时刻主动帮她解决了难题，非常感动，同时也对自己之前的行为感到很内疚，于是杨丽向潘敏真诚地道歉并感谢。两个人的关系越来越好了。

像这样关键时刻帮那些对自己有偏见的同事说几句话，就可以有效化解彼此之间的矛盾，让对方重新认识自己。你的热心也会使其他同事乐于帮助你，从而营造一个融洽的办公环境。

很多人在工作中都懂得要与上司建立良好的关系，认为只要上司欣赏自己就万事大吉。其实同事之间的融洽关系也同样宝贵，试想，如果天天都要见面，坐在同一个办公室里工作，两人却互相讨厌甚至排挤，工作时的心情肯定大受影响，业务上也不能相互配合，最后只会影响你的工作表现。同事有困难时主动帮一把，是对别人好，也是对自己好。

心理误导，让对方以为自己占了便宜

为什么在商品促销的时候，人们会蜂拥而至，进行抢购？为什么商家的促销活动有时候让人看起来像是倒贴？难道真的有人做赔钱的买卖吗？其实，这里面暗含着一个很有意思的心理原理。掌握了这个原理，你就可以让你的对手快速地答应你的要求。

王先生是做箱包生意的。这天，来了一位顾客，想要买一个手提箱。经过一番讨价还价后，王先生将价格降到了200元，但顾客仍然想要再压一压价。王先生看透了顾客的心思，便说："好吧，看您是诚心买，180元钱，您拿走吧。"

顾客听了依然不罢休，仍在犹豫。此时，店主人接着说："190元是我的最低价了，但是您千万不能跟别人讲，否则我的生意就没办法做了。"

顾客感觉不对头，马上说："咦，不对，你刚才不是说180元让我拿走吗？怎么又变成190元了？"

王先生露出了惊慌的神色，说："这怎么可能，180元的话我等于白忙活了，我怎么能说呢？"

听老板的话，顾客不依不饶地说："你刚才就是说的180元，你要对自己的话负责。"

沉默了一会儿，王先生只好无可奈何地说："好吧，那就给你吧，就当我给你白带一件。"

就这样，僵持的买卖双方，终于达成了一致。

案例中的箱包老板利用口误给客户造成了大占便宜的错觉，顺利地卖出了箱子。其实，对方并没有占到大便宜，但是由于老板的技巧，让客户心理上感觉占了很大的便宜，所以很快就掏了腰包。

一般人认为让顾客占了便宜，自己就要降低价格，于是许多商家为此拼得你死我活，实际上即便是你降到零利润，如果没有让顾客感觉自己占了便宜，顾客也不会买账，也绝对不会因为你亏本而同情你。也就是说，顾客要的不是便宜，而是占了便宜的感觉。

日本人坪内寿夫曾经被称为"电影皇帝"，他的高明之处只有一点，就是让别人感觉到占了便宜。

第二次世界大战之后，日本陷入了贫困的深渊，人们对天皇的御旨已经不是那样感兴趣了，他们需要的是吃饭和穿衣，也就是脱贫，解决温饱问题。

当时，坪内寿夫刚刚从苏联西伯利亚的日军战俘营里被释放出来，早已饿得精瘦，很想发一笔大财。可是日本并非遍地都是黄金，而是要吃饭的人。没有更好的事情可干，他只得跟着父母经营一家很小的电影院。可是观众都没有心思看电影，上座率很低，收入连他们一家人的生计都很难维持。

坪内寿夫决定改变经营方式，一般的情况是一场电影放一部片子，而坪内寿夫的电影院放两部片子，观众觉得占了便宜，就连本来不想看电影的人都来看了。不长的时间，坪内寿夫的电影院就赚了一笔很可观的收入。

后来，他又用自己的全部资产修建了一座电影大厦。他的这座电影大厦有四个放射状的影厅，可以同时放不同的四部电影，影厅里用红、绿、橙、蓝四种颜色来区别。四个影厅只有一个入口，给不同兴趣的观众提供了选择不同影片的机会。但是对于坪内寿夫来说，却没有投入过多的成本，四个影厅共用一个放映室，减少了雇员。这种观影方式不但给观众带来巨大的新奇感，更重要的是让观众觉得自己占了很大便宜，就都到他这里来看电影。只经过五年的奋斗，坪内寿夫就成了当地赫赫有名的电影皇帝。

坪内寿夫之所以获得成功，关键就是他总是让顾客觉得在他那里能够占到便宜。这就需要我们运用一些心理学技巧。"+1元送"的促销方式就是一个很好的例子，1元只是象征性地收，但是对于顾客来说就感觉占了很大的便宜。再比如，"100元抵用券免费送，满300元可抵"和"满300立减100"相比，后者给顾客的感觉是"我要先付出才能得到回报"，而前者是"商家先付出，再由顾客来抉择买不买"。所以前者更能让顾客感到占便宜。

任何事情，如果能让对方感觉到是自己占了便宜，那么他就会很愿意和你合作，或者是愿意为你做事情。所以，对于博弈的双方来说，达成共识的重点就是：你要想办法让对方觉得自己占了便宜。

藏起精明，让自己显得笨拙点儿

一般来说，无论你多么聪明，也得表现得愚钝一些，它会帮助你更顺利地拓展自己的人脉，因为大部分人都更加信赖笨拙的人。

任何有点儿身份、取得点儿成功的生意人，都有获得威信的需要，都希望能让他人看出自己与众不同的聪明和才能。那么如何显出自己的聪明才智呢？一个很好的办法就是和一个比较"愚笨"的人交往，对方

"愚笨"，自然就更显出了自己的聪明，因此他们都乐于和这样的人接触。同时，一个人"愚笨"一些，本身就容易得到他人的喜爱。

比如在很多企业，聪明的部属总会想方设法掩饰自己的实力，以假装的愚笨来反衬领导的高明，以此获得领导的青睐与赏识。当领导阐述某种观点后，他会装出恍然大悟的样子，并且带头叫好；当他对某项工作有了好的、可行性的办法后，不是直接阐发意见，而是在私下里或用暗示等办法及时告知领导，同时，再抛出与之相左的甚至很"愚蠢"的意见。久而久之尽管他在群众中的形象不佳，甚至有点儿"弱智"，但领导却倍加欣赏，对其情有独钟。这种人其实是人际关系的老手，他抓住的正是人的本性。

在平常的人际交往中也是这个道理，有时候你表现得很聪明，对方也许对你并不喜欢，但是你一旦表现得有些"愚蠢"，对方反而会觉得你很可爱，反倒喜欢和你交往了。

有一个业务员就曾讲过这样一个故事：当他在一家百货公司上班时，曾经为了和某个大企业家缔结合同而多次拜访对方的府邸。虽然这个大企业家是万贯家财的大富翁，但却非常小气。其他几家百货公司也曾经试着和他打交道，都不得要领，大家一致认为要使他成为百货公司的客户是不可能的。但是，因为公司老板命令这个业务员"去看看"，他也只好来回奔波。

某一天，不知道这个大老板吃了什么开心果："嗯，上来吧！"这个业务员终于可以跟这个公司的老板交谈一下。原以为这一次该有好的回音，事实却不然。原来是这个大老板极其无聊了，所以把他叫了上来。等他一坐下，这个老板就开始滔滔不绝地说起他从一介平民奋斗成为大富翁的经历。

这一番话足足说了两个多钟头。客房是日本榻榻米式格局，对方正襟危坐,业务员当然也不能直膝或盘腿而坐。刚开始他还能频频点头,注意倾听,后来脚实在觉得酸疼,对方的话就变成了耳旁风。30分钟后,他的脚已经麻痹了;又过了一个钟头,他的额头直冒冷汗。

"今天就到此为止吧!"

这个古怪的老板说完就站起来,业务员也打算站起来,不料下半身已整个麻痹,一不留神"砰"的一声跌得四脚朝天!

碰撞声确实太大了,连女佣都吓了一大跳,赶忙跑过来问:"发生了什么事?"

大老板看见这个大男人竟然跌地不起,不禁笑骂了一句:"真是个没用的东西!"然而奇怪的是,这个老板竟然从此成为这个公司的客户!那个业务员对此评论说:"这是因为他怜惜我这个'没用的东西'。"

那些"很能干"的人才,之所以一直拿不下这个大老板,就是因为他们的优点太多而断送了这笔生意;相反,那位被笑骂为"没用的东西"的业务员却成功地完成了使命。

因此在与人交往中,并不是越聪明越好。要想得到他人的青睐,你就要想方设法把自己装扮得"愚钝"一些。比如你可以偶尔出些小丑,或适当自我贬低一下,或搞出一副大大咧咧、衣冠不整的样子,或莽撞调皮、佯装醉汉、摆出一副憨憨傻傻的神情,等等,以致有效地博得他人的好感。

有小缺点比完美更可爱

社会心理学家阿伦森曾做过这样一个实验:他让所有参加实验的人听一段录音,录音的内容是四位选手在一次竞争激烈的演讲会上的演讲。在这四位演讲者中,第一个人很有才华,在讲话的过程中没有任何失误;第二个人也很有才华,但在讲话过程中碰翻了杯子;第三个人才华一般,但在讲话过程中没有出现失误;第四个人才华也一般,而且在讲话过程中碰翻了杯子。然后,阿伦森让大家从这四个人的演讲中选出自己最喜欢的人。

实验结果表明,虽然第一个人最出色,但他并不是最受人们欢迎的人,人们反倒喜欢有才华并碰翻杯子的人。这就是"阿伦森效应"。

人们更喜欢有缺陷的人,为什么呢?这是因为一般人与完美无缺的人交往时,总难免因为自己不如对方而有点儿自卑。如果发现精明人也和自己一样有缺点,就会减轻自己的自卑,感到安全,也就更愿意与之交往。试想,谁会愿意和那些容易让自己感到自卑的人交往呢?所以不太完美的人更容易让人觉得可亲、可爱。

因此,博弈高手首先会承认自己并不完美,然后去追求完美。遗憾的是,很多人做不到这一点,他们喜欢在自己的员工面前吹嘘自己的完美、自己的优点。他们不知道,其实没有人喜欢过于完美的人,因为过于完美就远离了真实的生活,也会在不知不觉中与他人产生距离。如果一个人处处都追求给别人留下"完美印象",只会造成与别人之间心理上的生疏。

有位伟大的雕刻家,他的艺术造诣十分高超,以至于当他完成一座雕像时,令人几乎难以将其同真人区分开。有一天,占星师告诉雕刻家他即将死亡。雕刻家非常伤心,他开始害怕——就像所有人一样,他也想要避免死亡。他静心思索,最后想到一个方法——他做了11个自己的雕像。当死神来敲门时,他屏住呼吸,藏在那11个雕像中间。

死神感到困惑,无法分辨出面前哪一个才是雕刻家!

"到底怎么回事?12个一模一样的'人'?现在,该带走哪一个呢?"死神无法做出决定，带着困惑，踌躇良久，"为什么居然会有12个一模一样的'人'？我该如何选择？"

又过了很久，死神想到了一个办法——他对着面前的12个"人"说："先生，一切都非常完美，只有一件小事例外。你做得非常好，但你忘记了一点，所以仍然有个小小的瑕疵。"

雕刻家完全忘记自己要躲起来逃避死神的事，他跳出来问："什么瑕疵？"

死神笑着说："抓到你了！这就是瑕疵——你无法忘记你自己，世间更没有完美的东西！走吧！"

从心理学角度来说，"完美"是一种极端追求。那种完善自我、健康地追求完美，并且在努力达到高标准过程中体验到快乐的人，不是完美主义者。心理学上的"完美主义者"是指那些把个人的理想标准和道德标准都定得过高，不切合实际，而且带有明显的强迫倾向，要求自己去做不可能做到的事的人。人生有许多的不完美，千万不要抱怨，苦苦去追寻不完美中的完美，而失去你触手可及的快乐。

在处理人际关系的过程中，当我们被别人忌妒或防备时，可以让对方先看到你的能力，然后再装作很自然地妥协。在这个"从劣势转为均势，从均势转为优势"的过程中，让对方感到胜利。事实上，隐"优"暴"缺"，成全别人的好胜心，是一种处世的艺术。这样可以使处境不如自己的人保持心理平衡，对你放松警惕，这更有利于我们取得别人的信任，更有利于我们做事。

第八章
和解之道：化敌为友是高明的应战策略

> 如果攻克不了他，那就把他变成你的战友吧！在心理博弈中，应该学会放低自己的身段，以友好的方法让对方接纳自己。去赞美你的对手，软化他们的敌意，将对峙局面变为互利双赢，你就能成为这场心理战中最大的赢家。

永远不要争论，谁都赢不了这场"战争"

人际关系十分复杂，最不值得做的事情是什么？最得不偿失的事情是什么？就是与人争辩。有一句话说得很好："你也许能够打胜一场战争，但是你绝对赢不了一场争论。因为即使你仅凭侥幸就能够赢得一场战争，却不一定能赢得了一场争论。争论，尤其是激烈的争论，最终的结果只会是两败俱伤。"在这个世界上，没有一个人能在争论中获胜；在这个世界上，没有一个人能够在争论中真正击败对手。

据说，在清代中期的时候，在安徽桐城，有两户人家要相邻建房，一户姓叶，一户姓张。姓张的这户人家就是当朝宰相张英的家，而另一家是姓叶的侍郎家。

在开始建房的时候，两家因为地皮而争执起来，为此撕破脸皮就是想多占些地，将自家房屋建得更大一些，但是谁都不肯退让，都觉得对方不讲道理，因此都不甘示弱。谁也没想到本要成为邻居的两户人家却因不肯吃亏而怒目相视，据理力争。

没有办法的时候，张家人便给张英写了一封信，告诉详细事由，并要求张英出面干预，让对方做出让步。张英马上给家里回了一封信："千里修书只为墙，让他三尺又何妨？万里长城今犹在，不见当年秦始皇。"

张家人觉得很有道理，主动把自家建墙的位置向后退了三尺。叶家见张家这样的举动之后，也为自家先前的行为感到惭愧，也把墙让出三尺。

这样一来，两家的院墙之间就有了六尺的空余位置，成了当时有名的六尺宽的巷道，大家俗称"六尺巷"。

张叶两家的互相退让成为美谈。对于张叶两家来说，如果一定要争执下去，就算有一方胜出了，占了上风，也会失去一段本可以很美好的邻里关系。这对双方来说都是一种损失。

在生活中，每个人的成长环境、所受教育都不同，因此，与别人相处的时候，与对方意见不统一是常见的事情。有的人会据理力争、"强词夺理"，其实就是因为一个面子问题，寻找一种心理的慰藉而已。当把这种"强词夺理"进行到一定程度、冷静下来分析的时候你会发现，这样做其实是没有意义的，它不仅让彼此的交际无法进行下去，而且在某些方面对自己来说也是一种损失。

卡耐基曾说："避免与人争执的办法就是不争执。"

美国前总统林肯也曾告诫一位和同事激烈争执的青年军官说："任何有理想、有抱负、想有所作为的人，绝对不会在这种私人争执上浪费时间。在遇到和别人意见相左的问题时，你要多让一步。如果你确实是对的，那就少让点儿，不能失去理智，要有自制力。"

是的，在交际中，如果只是为了面子而强词夺理，是非常不值当的，这将会违背我们与对方交际的初衷。因此，每当我们要与人争辩前，不妨先考虑一下，我们到底要的是什么？一个是毫无疑义的"表面胜利"，一个是对方的好感。当我们做出了正确的选择，就会自动地远离争辩。

具体来讲，在人际交往中，为了避免无谓的争辩，可以从以下几个方面做起。

1. 建立高水准的自尊

常言道："阎王好惹，小鬼难缠。"的确是这样，在维护人际关系的过程中，我们不难发现往往是越有身份、越有地位的人越好相处；而那些自以为很了不起的人，不是喜欢吹牛就是态度傲慢，不是颠三倒四就是故意刁难，不是见风使舵就是恃强凌弱者……他们总在利用一切可以利用的方式来展现自己的重要性，让自己表现得高人一等。

面对这样的人，要想不引起不必要的争论，我们首先要建立高水准的自尊，把自己的人生定位在高格调上。这样我们才能对自己充满信心，才可以去追求一些有价值、有意义的事情，才不会在一些事情上斤斤计较，才会心胸宽广，谦让待人。

2. 尽量避免威胁和强迫

当我们提出的意见或建议别人一时无法接受，自己又不想和对方就此争论时，这个时候就要放下强迫和威吓，采取平和的口气向对方陈述自己的想法或观点，这样的话，对方就会觉得不是我们让他陷入绝境。反之，如果采取逼迫和威吓的方式，只能激起对方的"逆反心理"，反而达不到我们的目的。所以，在与人交往的过程中，千万不要表现得过于强势，更不要动辄采取强迫和威吓的方法。

3. 适当夸奖，欲擒故纵

如果我们留意观察一下，就会发现这样的情况：当面指责他人的不足或错误时，对方很难接受；当用夸奖的方式时，对方会主动承认自己的缺点和不足。因此，为了避免不必要的争论，与他人探讨问题时或他人出现错误时，不要针锋相对，应该避免那些对方不愿意接受的敏感话题，适时地夸奖对方的长处，满足对方的心理需求，让对方"心甘情愿"地接受我们的错误，继而接受我们的观点。

4. 主动坦率地自我批评

任何时候我们都要记住,当指出别人的不足或错误时,一定要间接、婉转地去表达出来。当自己出现错误时,最好的方法就是主动承认错误。我们不妨这样想一下,当我们出现错误后,知道自己肯定会挨批评,这个时候我们要是提前把对方批评我们的话说出来,对方十之八九会以宽宏大度的态度原谅我们的错误。此外,当我们主动承认错误后,争论也就由此消除。

5. 要尽量保持语调温和

在维护人际关系时,不论对方是谁,要想避免争论,一定要保持温和的语气。心理学研究表明,当双方进行交流时,答话者的语调通常会随着问话者语音的高低而起伏。也就是说,问话者的声音高,答话者的声音就高;问话者的声音低,答话者的声音也就相对低。而声音的高低,也是一个人情绪的体现,当我们用温和的声音与对方交谈时,就可以掌控对方的情绪,从而可以避免不必要的争论。

说软话,更有利于解决矛盾

不管是生活中还是工作中,有的时候你知道是对方做错了,你当然可以指出他的错误,但是话如何说才能避免引发一场口舌之战,就要看一个人的说话水平了。如果是因为没有讲究方式而造成跟同事、家人、朋友关系的紧张,就要考虑自我调整。有时候你只要转换一下表达方式,将刺耳的"多管闲事"转换成善意提醒的软话,效果就会好很多。

孙倩在职场上已经"浮沉"了好些年,也遇到过各种各样的人和事，本来应该也算是一个交际能手，但不知为什么，她总是很容易得罪人。她心里总搁不住事儿，有什么就说什么，从来不会隐藏。

有的同事把茶水倒在纸篓里，弄得一地是水，她会叫他不要这样做；有的人在办公室里抽烟，她会请他出去抽；有的人爱没完没了地打电话，她就告诉他不要随便浪费公司的资源……她这样做是出于好心，因为如果让经理看见了，不是一顿责骂，就是被扣奖金。

可是，好心没好报，她这样做的后果是把同事们都给得罪了。每个人都对她一大堆的意见，甚至大伙一起去郊游也故意不叫她。有一次她实在气不过，就向经理反映，没想到经理也不怎么支持她，弄得她在公司里更加被动了。她非常想不通，明明自己是实话实说，为什么会弄成这样？真是好心被当成了驴肝肺。

孙倩这种为人处世的方式其实在我们生活中很普遍，也很容易理解。我们平时工作、生活离不开与人打交道，有时候看不惯对方就会不加考虑地指出来。其实，这种行为欠妥当，特别是在与同事相处时，如果总是对别人挑三拣四，那就很容易被同事们孤立。所以，要想有好人缘，就需要你有一颗包容的心，能够说几句软话解决的就不要针锋相对。

一位顾客在商场买了一件外套，五天后却拿着衣服返回商场要求退货。其实，那件衣服她已经穿过一次并且洗过，可她坚持说"绝对没穿过"，态度也很不友善。

售货员检查了那件衣服，发现有明显的干洗过的痕迹。但是，直接明白地向顾客说明这一点，顾客是绝不会承认的，因为她已经说过"绝对没穿过"，而且精心地伪装过。再者，如果直接说破，也会让她感到没有面子，进而引发双方的争执。

于是，聪明又善解人意的售货员绕了个弯子，说了段软话："这位顾客，我知道您说的是实话，可是有可能是您的家人误把这件衣服送去干洗店洗过，因为这件衣服的确看得出已经被洗过了。不信的话，可以跟店里同款的其他衣服比一比。前几天我家就发生过一件这样的事情。我把一件刚买的衣服和其他衣服堆在一块，结果我老公没注意，把那件新衣服和一堆脏衣服一股脑儿地塞进了洗衣机。我觉得可能您也会遇到同样的事情。"

顾客自知理亏，而售货员又给了她一个台阶下，于是，她顺水推舟，收起衣服走了。

售货员如果没说这段软话，直白地揭穿顾客的"伎俩"，再强硬地驳回对方的要求，换来的只会是一场尴尬和不欢而散。现实中，人们普遍存在着吃软不吃硬的心态。特别是性格刚烈的人，如果你说话"硬"，他可能比你更硬；你如果来"软"的，他反倒会于心不忍，也就有话好好说了。

软话的威力可见一斑，那么是不是任由我们随意说软话呢？当然不是。软话要会说，说得恰如其分，才能服人心，发挥作用。

首先，把握好度。软话归软话，但仍要含蓄地指出对方的错误，同时还要照顾对方的面子。如果分寸把握不当，不但会使自己给人留下不好的印象，也会使对方很难堪。

其次，内含道理。很多时候，你要想劝服人，说软话的效果要比说硬话好得多。然而，软话并不是低三下四地哀求，而是一种斗智，是一种心理交锋，通过温柔的语言启发、开导，使对方按照你的意思行事。

会说软话、敢于说软话体现了一个人的极高素养。在正常情况下，人的度量大小是很难表现出来的，而在面对一些让自己感觉不舒服的人或事时仍能用平和的语气、得体的语言表达自己不满的人，他的宽容大度一下子就体现出来了，并且还有可能会让对方心服口服，甘愿为你忙前忙后。所以,能说软话的时候请尽量说软话。

逃避解决不了问题,修补关系要及时

很多人都有逃避心理,总是喜欢推卸责任,自己在工作上出现了错误,想尽办法把责任推给别人,这对个人的发展极为不利。这种人不讨人喜欢,同事不拥护这种人,明眼的领导也很少用这种人。我们要想维护好自己的良好信誉,就要有担当,让人觉得我们值得信赖。

小玲是个非常自我的女孩,平时喜欢把责任推到别人身上,把自己的责任撇得一干二净。

有一次,芳瑜和小玲一起去超市,小玲的一个朋友拜托她在路过的药店买点儿感冒药,她很爽快地答应了。小玲从超市回来后,看到她那位朋友一愣,尴尬地说道:"啊,我忘了给你买药了!都怪芳瑜买的东西太多了,花了很长时间,弄得我都忘了,实在是对不起啊!"

芳瑜很郁闷,小玲又把责任全推到她身上,于是便对小玲说:"是你在回来的时候只顾着买你的炒栗子才忘了的吧,你怎么从来都认为自己没有错,而把责任推到别人身上呀!"小玲的朋友也在一旁调侃:"看来是你们都没把我放在心上啊!"

从故事情节来看,错误在小玲身上,因为她的朋友让她帮忙带感冒药,她给忘记了。但小玲自己却不这么认为,她埋怨是由于芳瑜买的东西太多,才导致自己忘记了购买感冒药。这种归因偏差引起了三个人之间的冲突。归因偏差是指认知者源于人类认知过程本身固有的局限或者不同的动机系统而歪曲了某些本来是正确的信息,导致归因不够客观的现象。

一天，卡耐基在森林公园遛狗，他既没给狗系链子，也没有戴口罩。这时迎面走来一个警察，很严肃地对卡耐基说："你为什么不给你的狗系上链子，戴上口罩？它要是咬伤小孩子，咬死小松鼠怎么办？"

"可是现在又没有人，而且我不认为我的狗会咬人……"卡耐基辩解道。

警察听完很生气地说："这次就算了，如果下次再让我看到，那就请你去跟法官说吧。"

接下来的几天，卡耐基遛狗时再没碰见警察，于是这天，他又拿掉了狗的链子和口罩。很不幸，卡耐基远远地看到警察走了过来。

警察一走近，未等对方开口，卡耐基马上诚恳地说："对不起，警察先生，我真是该死，竟然不听您的警告，又这样把狗牵出来了。我有罪，我甘愿受罚。"

这下警察倒不好意思指责卡耐基了，反而劝他说："好吧，这其实是人之常情，这里的确人来得比较少。"

"可是这是违法的啊，而且它可能咬伤人或咬死小松鼠。"卡耐基过意不去地说。

"这么小的狗，应该不会的。"警察反而替他开脱起来。

最后，遵照警察的建议，卡耐基以后都把小狗牵到对行人比较安全的小山那边去遛了。

卡耐基的"先下手为强"，不但化解了警察可能的怒气，也不用真的到法官面前说话了。试想，假如卡耐基还像上次一样为自己辩解，无疑是在挑战警察的权威，肯定会起到火上浇油的效果。如今一个简单的先发制人的道歉，不但避免了一场麻烦的庭上问话，还得到了警察的谅解。

生活中，一个懂得及时承认错误的人，通常会给人坦诚、真挚的印象，即使犯了错误，也必定会比那些至死不认错的人更容易得到他人的原谅，这在与人相处中有着极其重要的作用。

奥尔特·巴顿是美国著名的投资大师，当他的事业如火如荼的时候，却栽倒在一次十拿九稳的投资中，因为他的错误使家族损失了一大笔资金。巴顿的家人和合伙人都没有过多地埋怨他，巴顿也很冷静，没有在错误出现的时候手忙脚乱，也没有推脱自己的责任，而是主动诚恳地向家人和合伙人道了歉，并且宣布"一定会惩罚自己，让自己记住这次教训"。

就在人们仍然因这次投资失误造成的损失而感到痛苦不堪的时候，巴顿已经深刻反省了自己的错误，找到了产生错误的主要原因，以及避免下次犯同样错误的方法。

不久，巴顿又开始了下一次的投资活动，这一次，他获得了投资以来最完美的一次成功。在接受记者采访时，他大声宣告："上一次错误的经验，其实给了我成功的希望。"

再看另外一个故事：

美国总统克林顿在丑闻之后，一直遮遮掩掩，但是由于很多证据都显示这位总统并不是无辜的，民众们并不买账。直到最后，克林顿终于在事实面前认错。他发表了一场非常精彩的道歉演讲：

至于我身边的人都知道，几个月来我一直在努力思考如何更好地说服自己向美国人民，承认自己的错误行为，同时可以保持我对总统工作的忠诚。

……

我希望美国人民知道，我为我所有的错误言行深表遗憾。

我从来不应该误导国家，我的朋友或我的家人。很简单，我做了耻辱的事情。我一直在以严厉的话语谴责我的原告,这是不对的。

……

克林顿真诚的道歉赢得了大部分民众的原谅,在之后的听证会上,克林顿终于摆脱了弹劾,继续担任总统。

巴顿在投资中出现了失误,但他仍旧取得了家人和合伙人的原谅和支持;克林顿做错了事,最后仍旧获得了民众的谅解。他们之所以能够做到这些,是因为他们勇于承认错误,这种勇气和承担是人们所看重的。

做错事并不可怕,怕的是不承认,怕的是推诿。我们要有勇气承认自己的不足,敢于坦率地承认错误,只有这样才能取得别人的谅解,才不至于让自己的人际关系受到损失。所以,一个敢于承认错误,有责任感的人,会让人在心理上觉得他非常可靠。

凡事让人三分,有理要饶人

人与人之间难免会发生一些误会,一旦有了误会,每个人都认为自己是对的,有的人常常得理不饶人,抓住别人的小辫子不放,指责对方。古人说:"得饶人处且饶人。"对别人宽容、大度是一种高尚的美德。得理要饶人、给对方一个台阶下,是一种智慧;让人三分,人生之路就会越走越宽。

小王和小李是公司的骨干,公司能运转到现在这两位是功不可没的。经理非常喜欢他们,但是小王和小李却很不合,总是在背后互相指责对方,两个人水火不容。

一天，小王的电脑打不开了，里面有很重要的东西，他一边焦急地摆弄着电脑一边说："完了，这下完了，下午就要交设计稿了，如果打不开的话那下午的设计研讨会上我就死定了。"这话让小李听到了，小李想：虽然小王这个人平时总是跟我对着干，但我也有错，今天下午的设计稿很重要，小王的设计很好，平时的设计都能为公司增光，何况今天是多家公司一起参展设计，少了小王是不行的，小王的设计能被选上的话对我也有帮助。再说了，这也是可以化解我们之间矛盾的机会，我们都是为一个公司效力的，都是为公司着想，想要在这个公司长久干下去的话，还得要有好的人缘，而小王也并不是真正的敌人，他可以成为朋友。于是，小李朝着小王走了过去："我来看看吧，如果你相信我，就交给我好了。"

小王看到小李今天那么热情还有点儿摸不着头脑，他正在想是怎么回事，这时小李把电脑修好了，然后说："好了，你可以用了。"小王感激地连声说谢谢，小李笑了笑说："朋友，好好干。"之后，小王和小李关系一直很好，小李向小王学习做设计，小王跟小李学电脑的相关知识。

小李以他的宽容大度化解了两个人的恩怨，最终成为朋友，互相取长补短，互相学习。"君子贤而能容罢，知而能容愚，博而能容浅，粹而能容杂"，君子之所以为君子，那是因为他们都有一颗能够宽容的心！

"人非圣贤，孰能无过？"善待别人也是善待自己，给别人一条路的同时也是给自己一条路。只要对人对事都有宽宏大量之心，生活中便能减少一些不愉快的事情发生。明智的人知道在能抓住理的同时给对方一个台阶下，即使对方是你的敌人，那么他们也会对你心存感激之情。给别人一个台阶，就是给自己留条后路，只有胸怀坦荡、为别人着想的人才会懂得如何给人一个台阶。给人一个台阶便能赢得友谊，得到他人对你的信赖；给别人一个台阶下，就是多交一位朋友。

与人交往有很多技巧，得理饶人也是其中之一。生活当中往往有些人觉得自己很有道理，看到别人没理的时候便揪住别人的缺点进行狂追猛打，对方知道自己错了，有的人还要将他"置于死地"。想必大家都看过《还珠格格》吧，里面的皇后一直想要陷害紫薇，有一次紫薇因为他们的陷害入狱了，里面有个非常让人愤恨的画面：容嬷嬷用针来刺伤紫薇。经过一段时间，皇上终于查清楚了真相，明白是皇后所为，于是要惩治皇后，但是紫薇却没有在皇上面前说皇后的坏话，而是为皇后求情。这里面的紫薇就十分善良，懂得得理也要饶人，这样的做法就是大智，给对方台阶下，才能避免以后更大的灾难发生。

当有人想要陷害你时，你揪住了他的小辫子，你因为一时气愤而去当面指责对方，这是不明智的选择。智者是懂得得理饶人的，是知道给对方留台阶下也是为了给自己留条后路。得饶人处且饶人，这样会让自己的道路变得宽广、顺畅。

狭路相逢非要成为敌人吗

混迹职场多年的人都有这样的体会：初到一个新的工作环境，我们会感到所有的人都对自己很好，大家一团和气，然而时间久了就会发现，看似平静的办公室里却暗波汹涌，大家各自心里都在较着劲，打着自己的小算盘，将其他人看成是自己的"对手"。非要争个你死我活，看看到底谁才是赢家。

特定的环境中，很容易形成一种对立的关系。因为人们已经习惯于用竞争来获取自己的利益,实现自己的价值。这种单打独斗的"英雄主义"其实非常危险。一旦陷入这种局面,就很难找到自我发展和突破的出口。每个人都有自己的长处,同时也有欠缺的地方。对峙的双方能够打破僵局,放下身段,采取合作的姿态,才是最好的生存之道。这里面有博弈心理学中的一个重要原理——猎鹿原理!

启蒙思想家卢梭在其著作——《论人类不平等的起源和基础》中描述了这样一个故事:一个村庄中住着两个猎人,他们都靠上山打猎维持生计。山上的主要猎物是鹿和兔子。照常理来说,他们每天单独行动,能猎获四只兔子。但是如果他们采取合作狩猎的模式,那他们每天就可以共同捕获一头鹿。很明显,合作的好处是远远大于单独行动,单独行动时最好的结果无非是各自的努力都有预期的回报。单纯从解决食物问题的角度考虑,单独行动一天的收获是四只兔子,可以供一个人吃四天;而合作的话,收获是一头鹿,两个猎人平分一头鹿,那可供每人吃十天。对于这两个猎人,他们的行为决策,从博弈论的角度分析,就形成这样一个模式:

1. 分头行动打兔子,那么结果是得到的食物每人可以吃4天;

2. 如合作猎鹿,那么得到的食物,每人可以吃10天;

3. 一个人去抓兔子,而另一个人去打鹿,那前者收益则为4;而后者将一无所获,收益为0。

显然,一起"猎鹿"的好处比单独"猎兔"的好处要大得多。所以,合作——才是一种令资源最大化、利益最大化的模式。权衡利弊,两人自然会不约而同地选择一起"猎鹿"。

越国人甲父史和公石师各有所长。甲父史善于计谋,但处事很不果断;公石师处事果断,却缺少心计,常犯疏忽大意的错误。两个人交情很好,常常一起谋事,且总是能顺利成事。

后来，由于一些小矛盾，两人关系破裂。各自行事的甲父史和公石师再也没有了那种如鱼得水的感觉，在各自的政务中屡遭败绩。

幸亏此时一个叫密须奋的人站了出来，他很痛心地规劝道：有一种鸟，一个鸟身，长着两个头，但是它们却彼此妒忌、互不相容。两个鸟头饥饿起来互相啄咬，其中的一个睡着了，另一个就往它嘴里塞毒草。然而，即便是一只鸟头吞咽了毒草，那两个鸟头也会一起死去。它们谁也不能从分裂中得到好处……北方有一种肩并肩长在一起的"比肩人"。他们死一个则全死，同样是二者不可分离。现在你们两人与这种"比肩人"非常相似。只是，你们和"比肩人"的区别仅仅在于，你们是通过事业联系在一起的。既然你们独自处事时连连失败，为什么还不和好呢？

甲父史和公石师听了密须奋的劝解，都恍然大悟，说："如果不停止这种关系破裂的局面，我们还会因单枪匹马受更多的挫折！"于是，两人言归于好，重新在一起共事。

任何人想要取得一定的发展和成功，就要明白合作的重要性。对于任何人或者是任何企业来说，无论是在哪一方面有专长，或者已经取得了某些成就，仅凭个人的力量想要到达成功的顶峰是非常困难的。所以，当两个人、两个团队或者两个企业形成对峙的局面时，不妨找到合作的契机，在合作中获得双赢。

合作不仅可以避免失败，减少过多的损失，更重要的是能达到双赢。但是，想要获得双赢，就要知道怎样的合作才能达到这种状态。在合作的时候既要保持合作的态度，还要遵循合作的原则，懂得合作，更善于合作，才能在合作中走向成功。

小闫和小赵同在一家高端家居品牌店。小闫阅历丰富，非常善于观察顾客，并且很能和顾客聊到一起。而小赵则对商品各种属性了如指掌，不仅如此，还具有很专业的家居搭配知识。这两个人同时进入公司，并被销售主管认为是最有潜力的两个员工。

经过一段时间的锤炼，小闫和小赵都能够独当一面。但是小闫在专业知识上始终不够娴熟，因此而丢了一些本该属于自己的客户；而小赵为人虽然诚恳，做事也很细致，但性格上太过"一根筋"，要在顾客判断、待人接物上面得到很大提升也不是一时半会儿能做到的。但是由于他们俩业绩相当，总是被放在一起进行比较，无形中就成了对立的关系，小闫觉得小赵死板，学生腔；小赵则觉得小闫圆滑世故，没有真本事。就这样，他们形成了一种对峙的局面。

销售经理了解到这种情况后，建议他们多了解对方，在销售的过程中放弃单打独斗，采取互相帮助、取长补短的合作模式。比如，当对方接待顾客的时候，就主动过去帮忙，弥补对方的不足；针对不同性格的客户，两人可以商定让谁"出击"，并且事后一起总结成功的经验，分析失败的教训。小闫觉得要合作的话，自己必须拿大部分的酬劳，因为他认为自己口才比小赵好，付出得更多。然而，这样的条件让小赵无法接受，于是他们之间的合作就这样泡汤了。

销售经理则觉得这个合作方法很好，为其他销售人员进行了"合作配对"。一段时间以后，公司中其他采取合作机制的销售员都取得了比以往好得多的成绩；而小闫和小赵虽然都很优秀，在销售成绩上却并没有太大的进步。

合作双方有能力高低之分。"猎鹿原理"中的两个猎人，如果能力并不是相当的，那么能力强、贡献大的那个猎人，自然就会要求得到较大份的猎物，否则两人合作就不成立。另外，能力弱的一方也会要求大于单独行动时的收获，否则没有合作的必要。很多时候，两个个体的合作无法建立其实就是源于对自己利益的过高期待，损害了对方的利益。

亚当·斯密在他的《富国论》里曾经说过："我们的晚餐并非来自屠宰商、酿酒师和面包师的恩惠，而是来自他们对自身利益的关切。人类的欲望是经济上最根本的东西，人类动机是经济成长的基础。"所以，合作有一个前提，必须能够使合作的任意一方得到比没有合作的时候更多的利益，大多数人会选择合作的方式。全世界公认的最会做生意的是犹太人，而犹太人之所以成功，就是因为他们主张"一笔生意，两头赢利"。也就是说，作为合作的一方，绝不能只考虑自己的利益，还要顾全合作方的利益，两者兼顾，合作才能形成和继续。

将"讨厌鬼"变成好朋友

身边有一个很刻薄、很不友好的人，是一件很让人头疼的事情，因为这个人，你的生活和工作都会受到影响。这些人就好像鞋里的沙子、衣服里的头发一样，让人浑身不舒服。

出现各种摩擦和矛盾是很正常的。遇到难以相处或讨厌的人，难免会产生抵触情绪。但是这种情绪不会给我们带来丝毫的帮助，相反，抵触情绪经过积累，还会让你变得性情暴躁无常，最终传递给对方。不管你是有意的还是无心的，你们的关系将变得更加尴尬。

某培训机构的露易丝最近感到特别的压抑，起因是培训机构从外地来了一个课程指导员，这个人比她大不了几岁，但却非常强势，常常对她指手画脚。

尽管大家都觉得对方是个很有能力的人，而露易丝却不认为这个课程指导员能力比自己强多少。露易丝对课程指导员的讨厌，对方也渐渐感觉到了，加上一些鸡毛蒜皮的小摩擦，最后，两人居然成了天天见面却连招呼也不打的"陌生人"。而露易丝身为下属，在这种情况下，自然讨不到任何好处。

抵触情绪会令你无法专心做事。认识到了这一点，你要努力去做的就是消除这种情绪，如果你能让你身边的讨厌鬼和你成为朋友，那就是最好的结果！一位官员曾批评美国总统林肯试图跟政敌做朋友，而林肯温和地回答说："化敌为友，难道不就是在消灭敌人吗？"

那么，如何让那些讨厌鬼喜欢你，和你做朋友呢？

心理学研究也表明，"讨厌"其实是一种很主观的情绪，两个人互相不喜欢，并不见得是对方有什么过错，或者说我们自己哪里不好。那些使我们"出于本能地去抗拒"或者"无论如何也喜欢不起来"的人，也有可能和我们成为莫逆之交。

其实相对于"讨厌"来讲，"喜欢"一个人的感觉更让人愉悦。所以我们更愿意自己是喜欢某个人的。试想，当你对某个人产生厌烦情绪时，自己是否会努力去改变这种不良的情绪？所以，你可以利用一些心理学手段来使对方喜欢上你，同时使你喜欢上对方。先从小事做起，渐渐培养喜欢的情绪。

首先，你可以尝试增加接触次数，这是培养好感的一个好方法。接触次数增加可以逐渐消除双方的抵触，产生好感，这叫作"单纯接触效应"。

我们总是容易对和自己离得较近、跟自己交流多的人产生好感。有时可能第一印象不太好，但通过反复多次接触，却会渐渐发现他的优点，从而让讨厌的情绪消除。

另外，"讨厌"和"喜欢"都会膨胀。当某个人有一点点令你讨厌，你就会渐渐觉得他越来越讨厌，甚至整个人都很讨厌，看他哪里都不顺眼。这种心理效应叫作"喇叭效应"。而当你觉得某个人有一点儿讨人喜欢之处，那么这种喜欢就会随着时间的推移得到强化，以至于到最后，他"整个人都令人喜欢"，他做的什么都让你感到满意。这种心理现象叫"哈罗效应"。

所以，当你不喜欢对方时，只要结合"单纯接触效应"和"哈罗效应"，你就能慢慢喜欢上对方。

人际关系是有"弹性"，而不是一成不变的。在每一次与对方接触中，双方都在不断搜集对方的信息，形成对彼此的抽象认知。通过多次接触与交流，你与对方相互了解的程度会不断提升，人际关系弹性也就越大，即使交往中偶尔出点儿小状况，也会因为"弹性"而慢慢恢复。

还有，你要让对方知道你对他产生了好感。一旦我们发现别人喜欢我们，我们也会相应地喜欢对方。所以，你必须让对方知道你是喜欢他的。

将好感传递给对方最好的方法，是设法让第三个人将你的好感传递给对方，这比直接向对方展示你的内心要有效得多，说服力也更强。比如，通过你们共同的朋友的转述，让对方知道你对他很欣赏、很尊重，这样他会更加相信你是真心欣赏和尊重他。

让别人对你由讨厌到喜欢还有一个很神奇的方法，那就是请求别人帮你做一件事情。这在心理学上叫"富兰克林效应"。

富兰克林总统年轻的时候，曾经倾其所有投资了一家小印刷厂。当时，他特别想揽下为议会印文件的差事。然而议会中有一个重要的议员对富兰克林抱有成见，还曾公开斥骂过他。富兰克林的计划似乎无法成功。

然而，富兰克林决心让对方不再讨厌他。

打听到此人的图书室里藏有一本非常稀奇而特殊的书，富兰克林就给对方写了一封便笺，内容大概是，请求对方把那本书借给自己读几天，自己非常希望能一睹为快。很快，对方就叫人把那本书送来了。

一个星期后，富兰克林将书还给了对方，并且附上一封亲笔信，表示了自己诚恳的谢意。

结果在富兰克林的意料之中，经过这次的借书行为后，他们在议会里相遇时，对方居然开始主动跟富兰克林打起了招呼，并且表现得极为有礼。不仅如此，在以后的日子里，他对富兰克林的任何事都十分乐意帮忙，他们真的变成了很好的朋友。

富兰克林所运用的"请求别人帮忙"的心理办法非常有效。"善待过某人一次之后，人便会想要更多地对他好。"富兰克林这样说。如果别人什么事都不来拜托你，你便会觉得莫名的寂寞，甚至觉得自己没有获得他人的认可。但是，一旦被别人依赖，就会变得很开心，收获一种成就感。根据这一效应，如果有人与你敌对或对你抱有反感，你应向他提出请求，从而把他变为你的伙伴！

最后还有一点需要谨记，别人喜欢你，并不是因为他对你有什么感觉，而是因为你让他对自己产生了什么样的感觉。所以，如果你能让他觉得舒适自由，受人欢迎，放松惬意，那么，你和他就有可能成为真正的好朋友。

适度贬低自己，能巧妙地捧高对方

在我国古代，通常称呼自己为在下、敝人、不才等，称自己的妻子为贱内、拙荆、糟糠等，称自己的子女则为犬子、犬女。可见，在我国的传统文化中，一直是以谦卑为美。这是国人为人处世方面的一个智慧，即采取适度贬低自己的方式，来相对地捧高对方。这样可以让对方在心理上更有优越感，从而更喜欢自己。

听别人说你的一位老同学最近当上了某机关处长，你想确认此事，于是便问他："听说你最近红运当头啊！"

"哪里，瞎混呗，还不如你的工作踏踏实实，稳稳当当。"

林老板是你生意场上认识的朋友，由于抓住了流行趋势，做服装生意的他今年赚了一百多万。见到他时，你向他道贺：

"今年的生意不错啊，至少赚了有一百多万吧！"

"只是赚了点儿小钱，与你的房地产生意比起来，不值一提啊。"

在这里，他们都采取了贬低自己来相对地捧高对方这一说话技巧。

人人都渴望得到他人的赞美，中国人尤其好面子。所以在与人打交道的过程中，我们常常需要赞美或捧高对方，以迎合其喜欢被人称赞的心理需求，这样有利于对方更喜欢与我们交往。

不过直接高捧他人给人面子的方法，对有的人来说，特别是对那些性格比较内向的人来说，可能会令其羞赧，甚而产生排斥抗拒的心理。

事实上，在某些时间、场所，我们确实不能坦然地对他人说出礼貌性的赞美。在这种情况下，不妨换个角度来表达，效果也会是同样好，甚至运用得当的话会远远超过所期望的效果。

这个诀窍就是上面提到的，以贬低自己的方式来抬高对方。

相信大家都坐过跷跷板，如果一边贴地，跷跷板的另一头必定是悬在高空。日本心理学家森田正马发现，这种"跷跷板原理"同样也能应用在人际关系上。也就是说适度地贬低自己，将能相对地捧高对方。即使是不善于言辞，或者是还没有养成称赞他人习惯的人，也能十分轻松地使用这种方法，达到捧高他人的目的。

相反，如果对他人采取轻视的态度，这对自己绝无半点儿好处。因为你刺伤了他的自尊心，他会自然而然地对你产生敌意。影响所及，你的人际关系必定一落千丈，连带造成你事业发展的不顺遂。

举例来说，你应邀参加某店铺的开幕庆祝会。去了才知道，原来那是一家不怎么样的店铺，不过你也要为庆祝会增添一些喜气。我们就可以采取贬低自己，捧高对方的方式对主人说："你这店铺看起来真不错，室内的装潢也很考究。不像我经营的那家门面，门有些损坏，窗户也是一大一小的。"

这样将对方和自己做具体的比较，并技巧性地批评自己略逊对方一筹，对方将因为被人高捧而产生优越感，而他心中的舒坦自是不言而喻。

相反，如果你以轻视的口吻对主人说："店铺的柜台再宽一点儿会比较好。你们下次整修时可要记住啊！"这可是在对方店铺的开幕庆祝会上，听到这样毫不客气的批评，店主人一定会大感不悦，从此对你厌恨有加，这就是不谙人情世故所要承受的恶果。

美国有位国会议员常常对别人说："我仅有小学毕业的学历。"但是，他实际上后来通过进修拥有了高学历，他之所以如此贬低自己，无非是要使别人在心理上产生平衡感，从而让别人觉得轻松。

易中天是厦门大学的教授，受邀至中央电视台《百家讲坛》栏目讲解历史，因其白话式的幽默分析受到追捧而迅速走红。他在一期电视访谈节目中曾对观众说其实自己只是高中生，他自喻为："我是学术界的土匪，土匪加流寇，匪有山头，寇有山口，我是既没有山头也没有山口。"当然，真实的情形是，当时的他是以高中的学历而考取了研究生，直至后来做到教授。他之所以这样去贬低自己，也是想借此拉近与观众之间的距离。

在处理人际关系时，我们不妨也巧用这门"贬低自己"的诀窍，来捧高对方的地位，以达到感情投资的目标。如此一来，成功便离你不远。

为了达到贬低自己以高捧他人的效果，在具体操作上，除了那位国会议员和易中天先生这种自暴其短的方式外，我们还可以采取故意装傻、谈论自己的失败经历与糗事等方式。下面就是个真实例子。

有一年年底，日本一家电视台为了制作迎新晚会，邀请了许多知名度很高的演艺人员参加，大家齐聚一堂，甚是热闹。当时摄影棚里准备了一桌美味的佳肴，背景也布置得富丽堂皇。节目的性质虽是年节的庆祝会，但每位演艺人员却因紧张而个个面色沉重，摄影棚的气氛严肃。

就在大家面面相觑、不知所措的时刻，脱口秀表演者橘家圆藏师父突然摆出一副老天真的模样，竟然大吃起摆在桌上的菜肴，还津津有味地说："啊，真好吃。各位，我先用啦！"大家看到师父这样有趣的表现，心情顿时放松了不少，严肃的气氛也消融了。那天的录影工作也因此进展得非常顺利。

橘家圆藏师父把自己当个傻瓜，改善了所有人的心情。这种贬低自己，从而让大家开心的方式，可谓是大智若愚。

另外，与他人初次会面时，在双方相互不了解的情况下，彼此心中可能都会提高警觉，谈话也总是不够起劲，因此常会发生"嗯！嗯！"这种尴尬又不自在的附和性对话。这时，不妨把自己的失败经验当作话题。这样即使是不善于高捧他人的人，也能因此达到贬低自己而高捧他人的效果。

比如，你这样跟对方说："我前天做了一件很丢脸的事情。"想必他定会浮现出笑容，心情轻松地听你继续说下去。没错，就是要适度地通过谈自己的失败经历来贬低自己而高捧对方。这样可以令对方的心防撤离，而转向你这一方，如此才能轻松地进行谈话。

第九章
柔中有刚：在周旋中打好博弈的太极

> 博弈的过程中，针锋相对并不是一种高超的技巧，有时甚至很伤人，会把双方的关系搞得更僵，更不利于我们达到想要的结果。然而，柔中带刚却别是一番境界，可以在轻描淡写中占据主动，让对方感觉到你内在的实力和外在的能力。

借力打力，轻松赢得博弈

在日常人际交往过程中，借力打力是一种非常有效的谈话技巧，尤其是在遇到对方说出侮辱性的话或者蛮不讲理时，使用"借力打力"，就可以用对方的言语反制对方，以其人之道还治其人之身，轻松化解对方的攻势，从而在心理博弈中上演精彩的一幕。

借力打力，就像我们所熟知的"以彼之矛，攻彼之盾"，可以轻松地找到对方的漏洞，使得对方无话可说。在当下错综复杂的社会中，如果可以学会有效地利用"借力打力"的技巧，就可以见招拆招，提升自己的沟通能力，增加自己在博弈当中的胜算。

三国时期的刘备就是一个"借力打力"的高手。在东汉末年的诸侯中，刘备既没有袁绍、袁术那样显赫的家世，也没有刘表、刘璋那样显赫的皇室身份，更没有曹操那种卓越的军事才能，但是他仍然能够成功地在汉末群雄当中脱颖而出，并坚持到最后三分天下。这究竟是为什么呢？其中很重要的一点就是因为刘备能够充分地利用"借力打力"这个技巧，使得自己在乱世当中生存下来并发展壮大。

为了求生存，刘备先后依附公孙瓒、陶谦、吕布、曹操、袁绍、刘表、孙权等人，总是屈居人下，看别人脸色，但是他通过依附这些人成功地保全了自己。另外，"皇叔"之名以及"匡扶汉室"的口号也被他成功地"借"用了。正是凭借着出色的"借力打力"策略，他才能成功地借曹操之力除掉吕布，又借孙权之力打败曹操，再借张鲁之患取西川，向东吴借荆州以自存，最后实现三分天下。大量事实证明，出色的人总是能够找到适合自己的"东风"，成功地做到因势而变，借助外力来发展自己，进而获得最后的胜利。

在心理博弈中，"借力打力"可以使得对方的言语、观点转变成为自己反驳对方的有力武器，借对方的话语发动反击，经常会因为出其不意而使对方难以招架。

东汉末年，大名士李膺在士林当中有着非常大的名气，许多人都慕名前去拜访。孔融十岁的时候，跟随父亲前往洛阳，到了洛阳之后他也想去拜访李膺。但是，因为当时拜访李膺的人实在太多，因此登门拜访的人必须是才子、名流和李膺的亲属，守门的人才会通报。所以孔融到了李膺的家门口，对看门的人说道："我是李府君的亲戚。"才得到了通报。

等他进到屋里的时候，李膺打量着年幼的孔融并问道："你和我有什么亲戚关系呢？"这时孔融回答道："古时候我的祖先仲尼曾经拜您的祖先伯阳（老子）为师，这样看来，我和您就是老世交了。"李膺和宾客听到他的回答后非常惊讶，纷纷称赞他聪明过人。当时太中大夫陈韪来得晚了一些，别人就把孔融的应对告诉了他。看到大家对孔融称赞不已，陈韪就想当众对其羞辱一番，于是说道："小时了了，大未必佳。"（小时候聪明伶俐，长大了未必出众。）孔融一听陈韪不怀好意，毫不客气地应声说道："想必您小时候很聪明吧。"这下子让陈韪很难堪，半天也没说出话来。

孔融这番回答的巧妙之处，就在于他很好地利用了"借力打力"的技巧，以其人之道还治其人之身，让对方很难应对。"借力打力"可以不露声色地进行还击，使得对方在猝不及防的情况下吃尽苦头。想要成功地做到"借力打力"，就要让自己保持清醒的头脑，不能因为一时的气愤而乱了阵脚。很多人认为在与他人争辩的时候，只有态度强硬、言辞犀利，才可以将对手驳倒，但是在有些情况下并不是这样，激烈的言辞其实更容易激起对方的敌对心理，招来更猛烈的打击，而且我们在情绪激动的时候非常容易出现纰漏。在同别人争论时，如果可以让自己保持清醒的头脑，就能从容地找到对方言语中的漏洞，然后借对方的话发动反击，使得对方哑口无言。

林肯曾因为自己的出身，一度被很多参议员轻视。就在林肯发表总统就职演说的时候，一位参议员非常傲慢地对林肯说道："林肯先生，你只不过是一个鞋匠的儿子，我希望你能记住。"所有议员在听到之后都大笑起来，他们为自己高贵的出身而备感骄傲和自豪，对出身低微的林肯更加不屑一顾。但是，林肯并没有因此而恼怒起来，而是在大家的笑声停止之后，对那名傲慢的议员诚恳地说道："谢谢你的提醒，你的提醒让我想起了我的父亲，尽管他已经过世了，但是我知道我做总统永远都无法像我父亲做鞋匠那样出色。我一定记住你的忠告，我永远都是鞋匠的儿子。"听完林肯的回答，整个参议院陷入了短暂的沉寂。片刻之后，参议院里爆发出了雷鸣般的掌声。

"借力打力"的另外一层含义，就是让我们充分整合和有效利用自己身边的资源，务必使可用的资源做到物尽其用，人尽其力。只有这样，才能解决靠我们一己之力所无法解决的问题，成功地达到目的。

一个小男孩在院子里搬石头，但却怎么都搬不动。父亲看见之后就说："孩子，只要你拼尽全力，就一定可以把这块石头搬起来。"小男孩听完就使劲儿地去搬那块石头，但是石头始终都没动。于是，小男孩说道："石头太重，我用尽了自己的全部力气也没能搬起来。"这时候父亲却说道:"你没有用尽全力。"小男孩听完之后非常不解,看到小男孩疑惑的表情,父亲继续说道:"因为我在你的身边,而你并没有向我求助。"

在现实生活中,很多时候我们的表现其实和那个小男孩一样。我们判断一件事情能不能做成的依据是自己是否拥有处理这件事情的能力,因此经常会忽略自己身边可以利用的资源,而整合资源的能力其实就是自己"借力"的过程。

在当下的职场中,人们最推崇的一项能力就是团队合作能力,团队合作也是"借力"的一种表现形式。社会当中不存在"全知全能"的人,每个人想要取得成功,就必须借助他人的力量。尤其是在自己弱小的时候,如果能够借助一些"贵人"的力量,就可以让自己在激烈的竞争当中脱颖而出。

让他人内疚吧,那是件好事

心理学家研究发现,内疚感能增加人们的助人行为。内疚感是指当人们做了一件自己认为是错误的事时所唤起的不愉快情绪。从古至今,内疚感一直是一种令人痛苦的情绪,以至于人们总是要设法避免内疚感的产生。帮助他人能让人产生一种愉快的情绪,在心中树立积极的自我形象,所以,当人们因犯错而感到内疚时往往会增加助人行为。

在心理学家弗里德曼等人的一项研究中,被试者坐在一张桌子旁边等待实验开始,在有些情境中,桌子极易被打翻,比如手碰到桌子、脚挨着桌子底面,所造成的结果是桌子上的卡片散落了一地。实验者告诉被试者，这些卡片是某个人写论文急需的资料。目的是让被试者因搅混了这些卡片而产生内疚感。在另一种情境里，桌子很稳固，卡片也没有被弄乱。

实验结果与预期一样，与没有被诱发产生内疚感的被试者相比，产生内疚感的被试者增加了更多助人行为。

心理学家戴维·麦克米伦和詹姆斯·奥斯汀的一项实验研究也证明了这种现象。

实验者邀请密西西比州立大学的学生来参加这项实验，参加者能够得到一定的学分。在实验中设计出两种情境，一种情境是在被试者等待过程中没有任何事情发生；在另一种情境中，被试者在等待的过程中，一个自称是先前的被试的人走进来找丢在这儿的本子，他和这些学生攀谈起来，告诉他们这个实验要做一份多项选择测验，而测验的正确答案多为"B"。他离开后研究者进来了，研究者介绍了实验，然后问："你们以前参加过这个实验或者听到过有关它的任何事情吗？"

在第二种情境中，所有的被试者撒了一个小谎，声称没有听到过任何与这个实验有关的事情。做完实验后，研究者说："你们可以走了。但是你们如果有空的话，能帮忙给一些问卷评分吗？"结果，平均来说，那些没有被引诱说谎的被试者，即第一种情境中的被试者只献出了两分钟；而说了谎的被试者，即第二种情境中的被试者，则平均慷慨地献出了63分钟。

显然，说了谎的被试者有一种欺骗了他人的内疚感，一旦有机会，他们很明显地会渴望补救他们的自我形象，于是他们用更多的时间帮助研究者评分。

对于内疚感的效果，一些研究认为可能与人的两种动机有关：一方面，有内疚感的人希望通过做善事来弥补自己的过错；另一方面，他们也希望能避免直接面对受害者，以免尴尬。单从内疚感能增加助人行为这一角度来说，我们可以加以利用到社交活动中。

黑脸与白脸的妙处

麦思可公司的销售经理王经理和经销公司洽谈1000件夹克衫的订单，双方经过多次的电话沟通，基本确定了价格为150元每件。双方约定好时间后，王经理来到了经销公司，和公司的采购部李经理进行洽谈。

突然，经销公司张总经理推开会议室的门，想要了解一下这里的情况，采购部李经理说："张总，我正在和麦思可的王经理讨论夹克衫的事情，您现在有空吗？要不也坐下来一起听听？"很自然地，张总坐了下来。

几分钟后，张总突然站了起来，脸色阴沉地对李经理说："小李，我感觉麦思可的夹克衫不值这个价钱，你看着办吧，我还有事情要处理，先走了！"

于是，李经理很尴尬地说："很抱歉，王经理，我们张总就是这个脾气，你不要介意啊。其实我个人还是觉得你们的产品挺不错的，我们继续谈。"

停顿了一下，李经理接着说："如果你能在价格上更灵活一点儿，我想我还可以在张总那里去争取争取，也很有希望。"

李经理在这里运用了心理策略中的"黑脸—白脸"战术。

梁实秋先生曾撰文描绘旧时官场上的男人各色脸谱：

"误入仕途的人往往养成这一套本领。对下司道貌岸然，或是面无表情，像一张白纸似的，使你无从观色，莫测高深，或是面皮绷得像一张皮鼓，脸拉得驴一般长，使你在他面前觉得矮好几尺！但是他一旦见到上司，驴脸立刻缩短，再往瘪里一缩，马上变成柿饼脸，直线条全变成曲线条，如果见到更高的上司，连笑容都凝结得拉不下来，未开言嘴唇要抖上好大一阵，脸上做出十足的诚惶诚恐之状。帘子脸是傲下媚上的主要工具，对于某一种人是少不得的。"

梁先生的"脸谱论"道出了逢场作戏的实质本领。能够一会儿白脸一会儿黑脸，集软硬兼施、刚柔并用、德威并加于一身，便能像一位出色的演员，让自己在社会中胜任各种角色。

"黑脸—白脸"心理战术，有两种使用方式，一种是像本文开篇时提到的那个事例一样，一个人唱白脸，一个人唱黑脸，两个搭档合唱双簧。这需要两个人相互配合才行，两个人不可以以同一种姿态去面对目标者。具体操作上，一般来说，第一个人饰演的是"黑脸"，他的责任，在于激起对方"这个人不好惹""碰到这种人真是倒了八辈子霉"的反应；而第二人唱的是"白脸"，即扮演"好好先生"的角色，使对方产生"总算松了一口气"的感觉。就这样，二者交替出现，轮番上阵，直到达到自己的目的。

这种策略在博弈中很早就被人们广为应用。

高欢是东魏时期独揽大权的丞相，他临死前把儿子高澄叫到床前，谈了许多辅佐儿子成就霸业的人事安排。他特别提醒儿子说，当朝唯一能和心腹大患侯景相抗衡的人是慕容绍宗。他说："我故不贵之，留以遗汝。"当父亲的故意不提拔这个对高家极有用处的良才，唱黑脸，做恶人，目的是把好事留给儿子去做。

高澄继位后，按照父亲的意思，他给了慕容绍宗高官厚禄。如此一来，这个人情自然是高澄的，慕容绍宗感谢的是高澄，在这里高澄唱的是白脸。

实施"黑脸—白脸"战术时，"黑脸"饰演者需要与"白脸"饰演者"联线作业"。"白脸"饰演者就是要利用对方对"黑脸"饰演者所产生的不良印象，继续其"承前启后"的工作，"黑脸"饰演者的"表演"若未成功，那"白脸"饰演者自然也就没戏可唱了。因此，这种方式需要饰演双方保持良好的默契度和配合度，只有如此才能确保成功实施。

另一种"黑脸—白脸"战术的实行方式更高级、更有难度，那便是同一个人像技艺精湛的演员一样根据角色需要来变换脸谱。同样一种情况，在面对这个人是和风细雨，但是面对另一个人则是狂风骤雨；或面对同一个人，在这种情况下是温文尔雅，而在另一种情形下又变得正言厉色。

美国《商业周刊》在其中一期专门介绍了通用电气公司总裁兼首席执行官杰克·韦尔奇，文中引用了密歇根大学管理学院一位教授的话："20世纪有两个伟大的企业领导人，一个是斯隆，另一个则是韦尔奇。但两人比起来，韦尔奇又略胜一筹，因为韦尔奇为这个世纪的所有人树立了一个榜样。"

当初他新官上任三把火，公开宣称凡是不能在市场维持前两名的子公司，都会面临被卖或被裁撤的命运。这个决定让很多员工对韦尔奇抱怨连连，认为他的要求太严。无论在生产上打破了多少纪录，韦尔奇总嫌不够。

他是否一直都是这种面孔呢？当然不是。

曾经有一次，一名通用的中层主管在韦尔奇面前第一次主持简报，由于心里紧张，两腿一直发抖。这位经理还坦白地告诉韦尔奇说："我太太跟我说,如果这次简报搞砸了,你就不要回来了。"在回程的飞机上,韦尔奇叫人送了一瓶最高级的香槟和一打红玫瑰给这位经理的太太。

韦尔奇的便条写道:"你先生的简报非常成功,他在最近几星期忙得一塌糊涂,对此我们非常抱歉。"

任何一个博弈高手,都应该懂得运用"黑脸—白脸"的心理战术去获得一个好的结果。在这方面,韦尔奇的确是个高手。

学会包容和接纳不同的思想

托利得定理是法国社会心理学家托利得提出的。它的含义是,看一个人的智力是否上乘,只看其脑子里能否同时容纳两种相反的思想而无碍于其处世行事。这个定理强调的是思想可以相反或者有某种混乱之处,但行为方式却一定要一致。

生活中我们也往往有这样的体验,遇到某件事,心理是非常矛盾的,但是我们的行为却要遵循其中的一个原则。在某些著作当中,我们往往会明显看到作者两种截然不同的观点;在遇到重大事件之时,我们往往是矛盾的,希望事情向着某个方向发展,但同时又害怕真的出现这种状况;我们赞成唯物论,但心中又对某些唯心论的观点极为欣赏;喜欢享乐,又害怕享乐带来严重后果,所以又禁止享乐。

与人相处最重要的是宽容,因为你和别人的想法是不一样的。承认这种差别并容忍这种差别,遇到冲突,宽容对方,往往会达到更好的效果。

《宋史》中有这样一段小故事：一天，殿前都虞侯孔守正和大臣王荣陪宋太宗喝酒，结果两人喝得大醉，竟在皇帝面前比起功劳来，谁也不服谁，而且越来越起劲，完全忘了在皇帝面前应有的君臣礼节。侍宴的人见二人实在不像话，就奏请宋太宗将两个人抓起来送到吏部治罪。宋太宗没有同意，只是一笑了之，吩咐把两个醉鬼送回家。

第二天，两人从沉醉中醒来，越想越后怕，连忙进宫请罪。宋太宗看两个人战战兢兢的样子，便装作记不清的样子，轻描淡写道："昨天我也喝醉了，究竟发生什么事了？"一场风波就这样被他化解于无形，两个臣子自然感恩戴德，做事更加用心。

正是有了宋太宗的宽容，才有了大臣们对他的尊敬和爱戴。其实这件事情闹到吏部或者故作宽容地说开对两个人和宋太宗都没有好处，以后君臣相处起来也更是尴尬，所以装糊涂无疑是最好的方法，为几个人都保留了面子。

这就是托利得定理的精髓：无论你有多恼怒或矛盾，都需要衡量利弊，清醒之下再下决断，不要因为情绪的矛盾或混乱而影响自己的为人处世。要考虑应该怎样处置才最有利，而不是考虑自己喜欢怎样处置。

在这一点上，面临越大的事情越要仔细思量。

秦穆公十二年，晋国旱灾，派人来秦国请求米粮。臣子丕豹不赞同援助对方，并劝说秦穆公趁着饥荒攻打晋国。秦穆公问公孙支，公孙支说："哪个国家会不闹荒灾歉收啊，哪能不给？"问百里奚，百里奚说："是晋国国君夷吾得罪了国君，他们的百姓有何罪？"于是秦穆公就拨粮救济了晋国。长长的运粮队伍，从秦国都城一直到晋国都城都接连相望。

两年后，秦国饥荒，派人去晋国请求粮食支援，但是晋君不但拒绝了，而且于次年九月趁火打劫兴兵攻秦，结果被绝望的秦军活捉。秦穆公懂得施恩，最终他的后代子孙统一了六国；晋惠公只懂得奸诈、谋略，几次三番背信弃义，没有大德，最终失道寡助，落得阶下囚的下场。

在是否应该援助对手这样的大事情上，每个人可能都非常矛盾，而之前就有嫌隙的两个人肯定会更加矛盾，两边的朝臣也都有两种不同的意见和想法。用哪种思想作为指导原则，只看一个人是否能够从人心、大局出发而已。秦穆公慷慨帮助自己的对手，结果赢得人心；晋惠公趁火打劫，两番"以怨报德"，最终"失道寡助"，没有力量和其他大国争衡了。

温和比严厉更暖人心

南风效应源自于法国作家拉·封丹写过的一则寓言，大意是：北风和南风比威力，看谁能把行人身上的大衣脱掉。北风首先冷风凛凛地吹起来，寒冷刺骨，结果行人为了抵御寒冷，反而把大衣裹得更紧。这时，南风徐徐吹来，顿时风和日丽，行人觉得温暖如春，开始解开纽扣，然后脱下大衣，于是南风胜利了。

在生活中也是这样，人们常常会发现，那些声色俱厉、整天冷着一张脸的人并不比一个每天微笑的人更有威慑力；喜欢直言直语、刚烈的人也不比委婉的人能更快让人放下成见；绳子比木棍更容易让人屈服；蜜糖比胆汁更吸引他人。

严厉的批评、刚硬的劝谏往往没有委婉含蓄的暗示、滴水穿石的影响更加有效。巧妙的回旋、委婉的攻势，往往能够让人更容易接受，尤其是那些素来耿直有余、柔韧不足的人更要学会以柔克刚的技巧。

提起樊哙，想必人们心中就将他定义为一个鲁莽轻率的武夫，其实他不仅粗豪威猛、凛然无畏，关键时刻他还有"以柔克刚"的智慧。天下平定以后，刘邦开始骄矜自持，听不进劝谏，别人也不敢触犯龙颜。一次，汉高祖病得厉害，吩咐不见任何人，诏令守门人不得让群臣进去看他。樊哙听说以后，推开宫门闯了进去，看到皇帝正枕着宦官躺在床上，于是先痛哭流涕地回忆往事："想当初陛下和我们一道从丰沛起兵平定天下，那是什么样的壮举啊！而如今天下已经安定，您又是何等疲惫不堪啊！"引起了皇帝的感触之后，再慢慢关心起了皇帝的病："况且您病得不轻，大臣们都惊慌失措，您又不肯接见我们这些人来讨论国家大事。"最后用前车之鉴达到了劝谏的目的："难道您只想和一个宦官诀别吗？再说您难道不知道赵高作乱的往事吗？"汉高祖听罢，于是笑着从床上起来。

这样一段一波三折、柔韧而不刺耳的劝谏由一个粗莽的武将说出来，真让人震惊啊！当然，人选得也妙，樊哙是刘邦的妹夫，和刘邦从少年时就一起共苦的人，说起来更有震撼人心的效果。

这种温情式的劝谏因为多了一些对人情感的关怀，多了一丝柔软之气，更容易让人自觉接受。这是因为人们常常有一种逆反心理，当你严厉的时候，对方就会对你的态度反感，即使表面上听从你的指挥和劝谏，在心里也是不高兴的。如果人们能够顺着别人的心理来，虽然也是想要改变他内心原本的成见，但会因为暗合了别人喜欢"奉承"和"讨好"的心思，而使自己的意见更容易被接纳。既然人们不喜欢喝苦药，那么就往苦药里加一点儿糖浆，不是更容易被接受吗？

但很少人懂得这一点，尤其在"良药苦口利于病"这一思想的指导下，人们更是很难运用这一点。明朝万历皇帝即位时，年纪比较小，历史对他的评价是"少年聪慧",但因为年纪小,朝政就落在了他的母亲李太后、秉笔太监冯保和首辅张居正的手里,非常不巧的是这三个人都是出了名的"严师"。一次,小皇帝和太监在宫里乱跑乱闹,被冯保看见就禀告了李太后,李太后平时对小皇帝就格外严格,经常督促他早起、迟睡,品格要端正,这样一来更是让万历皇帝跪下受罚;张居正是"帝师",对皇帝要求更是非常严格,于是小小的皇帝头上就悬了三把戒尺,一个不慎就会挨惩戒。

但是这种严厉对于万历皇帝的成长没有丝毫好处,只是助长了他的叛逆和任性、倔强心理,让他更加个性乖戾、固执偏强。张居正去世两年以后,失去了最严厉的一把戒尺的万历皇帝就抄了张居正的家,赐死了他的儿子;不久又处置了冯保;然后开始长期怠于政事,终于使国家逐渐出现了危机。

万历皇帝怠政虽然是他性格上的缺陷造成的,但事实上他身边的这三个"严师"也绝对推脱不了干系。如果他的母亲能够对他有一份温柔,用母爱去感化他,而不是用斥责的手段硬逼他上进,他的逆反心理也不会那么强。如果他的老师不仅仅把他当作皇帝,而把他当成一个"少年",就会多一些谅解,少一些苛责,就不会使他的性格走向极端。

迂回一下更能达到目标

阿伦森效应是指随着奖励减少而导致态度逐渐消极,随着奖励增加而导致态度逐渐积极的心理现象。这种现象表明,人们往往喜欢别人对自己的评价一点点增加,从而使做事一点点变得顺利。根据人们的这种心理，一直给予一个人赞扬反而会因为态度的一致而使得自己的赞扬变得微不足道，起不到应有的效果。所以，做事要迂回有道，巧妙回旋，而不要直来直去，这样达到的效果反而更好。

老子说得好，"将欲歙之，必固张之；将欲弱之，必固强之；将欲废之，必固兴之；将欲取之，必固予之"。意思是，想要做一件事情，如果不能用直接手段得到，就不妨运用一些迂回的方式，以达到"曲径通幽"的目的。比如，想要得到大家的赞同，首先摆出一副宠辱不惊、对别人的赞赏或者批评漠不关心的态度，然后再对人们的批评或者赞赏表现出一丝兴趣，最后将对方引为"知音"，如此，对你持赞同态度的人就会越来越多。想要得到别人的赏识，与其四处自我推销，反而不如学一学诸葛先生，让天下人都知道"卧龙"的名声，却很少有人见过其真面目，欲擒故纵，终于引来刘备"三顾茅庐"。

想要做成一件事情，千难万难，大概是因为想要走"独木桥"的人过多的原因，竞争的人越多就越不容易到达目的地。如果能够学会迂回做事，走小路，反而更容易达到对岸。一个人想要达成某种目的，各方阻碍的力量都会显现出来，这所有的反应最终都会影响一个人的做事态度。如果一个人的热情降低，那么肯定就不那么容易达到目标。所以，不如把自己的目标定得低一点儿，让人们的注意力都关注在一个较低的过程点上，不暴露自己的目标和最终意图，才可能突出重围，最终达到自己的目的。

葛青是公司业务部副经理，一直为事业上不能更上一层楼而烦恼。他能力非常强，但是总经理考虑到他开拓业务的能力强但却不知管理能力如何，一直对他升职的事摇摆不定。公司进行一番内调之后，经理的位置依然空悬，很多人都预言将会出现一位"空降"经理。葛青对这一切都不动声色，只是将自己在大学时的考研书籍拿出来，放在了办公桌上，于是同事议论纷纷，以为他有考研的倾向。

总经理听到流言之后，果然看到了葛青搜集的考研书籍，于是叫他去询问。葛青并没有明确回答总经理的问题，只是回答自己管理能力不够，想要学一学而已。总经理回想了一下，原来四年以来，公司只是利用了葛青的才华，却从来没有给他提供过更广阔的平台，这才意识到原来自己真亏待了他，不久以后就为他安排了一次培训机会，并提拔他为经理。

其实，如果他直接为自己的升职而努力，或者直接摆出自己的功绩，他的升职未必那么顺利。正是因为他摆出了一副模棱两可的态度，让上司惊慌了，才最终达成了目的。

迂回才更容易达到目标，管理学大师汤姆·彼得斯在他的著作《你就是品牌》中预言了职业阶梯的消失，"今天的职场人生就仿佛是下跳棋甚或是闯迷宫，你常常得向侧走，向前走，走对角线，甚至在必要的时候向后退"。在职场上你面临的不再是一级一级的升职，做事时自然也就不能直来直去，迂回一下转个弯往往能更快达到目标。

轻松拒绝无理要求，只需这两招

俗话说："有理走遍天下，无理寸步难行。"不过，在现实生活中，我们却总会遇到一些无理的要求。很多时候，这些要求会让我们不知所措。盲目答应当然不行，因为这会导致自己心生委屈而产生消极能量，影响自己的办事效率；严厉拒绝也非最佳之选，因为这会引起双方的矛盾，阻碍双方之间的沟通。

那么，怎样才能解决这个棘手的问题呢？下面的两种解决方式可以使你既能拒绝对方，又能不惹恼他。

1. 采取"略地攻心"的方法让对方主动放弃

一位语文老师的弟弟因为一场纠纷被人告上了法庭，而接案的法官恰恰是她昔日的得意门生。一天晚上，这位老师前往学生家，希望他能念在师生的情面上，帮帮她弟弟。这位学生显然有些为难，既不能枉法裁判，又不能得罪恩师，于是，他说："老师，我从小学到大学毕业，您一直是我最钦佩的语文老师。"

老师谦虚地说："哪里哪里，每个老师都有他的长处。"

学生接着说："您讲课抑扬顿挫，声情并茂。尤其是上《葫芦僧乱判葫芦案》那一堂课，至今想起来仍记忆犹新。"

老师很快就进入了教师的角色："我不仅用嘴在讲，也是用心在讲啊。薛蟠犯了人命案却逍遥法外，反映了封建社会官官相护、狼狈为奸的黑暗现实。"

学生接着感叹道："记得当年老师您讲完这一课，告诫所有学生，以后不论谁做了法官，都不能做'糊涂官'，判'糊涂案'，学生一直以此为座右铭呢。"

本来这位语文老师已设计好了一大套说辞，但听到学生的这番话，再也不好意思开口了，自动放弃了不合理的请求。

这位学生用的就是"略地攻心"的技巧，先用一句恭维的话，给老师戴一个"高帽"，让其心理上获得满足；接下来又顺着老师的话提出自己的看法。这时，老师为了对自己说过的话负责，为了维护身为教师的尊严，不得不放弃了自己的请求。

2. 采用"类比"的方法来反驳对方

A公司的经理在一次业务谈判中受到了B公司谈判人员的顶撞。为此，他气冲冲地找到 B 公司的经理，吼道："如果你不向我保证，撤销上次那个蛮横无理的谈判人员的职务，就是没有诚意和我公司达成协议！"

B 公司的经理听了微微一笑，说："对于谈判人员的态度问题，是批评教育还是撤职处理，完全是我们公司的内部事务，无须向贵公司做什么保证。这就如同我们并不要求你们的董事会一定要撤换与我公司谈判人员有过冲突的经理的职务，才算是你们具有与我公司达成协议的诚意一样。"

怒气冲冲的 A 公司经理顿时哑口无言。

在这里，B 公司经理就巧妙地运用了类比的技巧。虽然说这两家公司有很多不同之处，但有一点却是相似的，即两家公司对发生冲突的经理或谈判人员的处理完全是各公司的内部事务，与有没有诚意合作无关。前者属于过分曲解事实，想要故意混淆视听，搅乱后者的思路。但是，后者保持着头脑的清醒，没有上当。

在与他人沟通的过程中，我们总会遇到提出无理要求的人。这时，我们需要保持清醒的头脑，不要被对方搅得思路大乱，或者一时心软就答应对方，但日后又后悔不已；要理智地分析事情的重要性，坚持自己的立场。这样，我们就可以条理清晰地表达出自己的观点，从而使自己在交往中处于有利的地位上。

糊涂一点儿又何妨

大多时候，与人交流不是漫无目的地闲谈，而是带有一定的目的性，或表达自己的观点，或引起对方的重视，或从对方口中获取某些有用的信息……总之，表面上是在对话交流，实际上也是一场心理博弈的过程。当我们与人交流时处于被动或对自己不利时，装点儿糊涂实属明智之举。因为懂得糊涂的人才是真正的聪明人，他们遇事不自作聪明、不高谈阔论、不大发议论，相反他们总会摆出一副什么都不知道、什么都不清楚的样子。他们不管处在什么样的环境中都能够活得舒坦，活得逍遥自在，活得游刃有余。所以，糊涂不是昏庸，而是为人处世豁达大度，拿得起，放得下。

在公司举办庆功会时，老板从一开始就宣布说："今天大家开怀畅饮，不醉不归。"由于前一段时间，为了一个项目，大家都忙得焦头烂额，趁这个机会正好可以好好放松一下，于是都开怀畅饮，老板也与大家同乐，融入了集体中。

几杯酒下肚，有的人已经有些醉了。其中有一个叫小赵的年轻人也醉了，拉着别人就开始说话，这时，灯光比较暗，也没看清自己拉着什么人。说着说着就提到了老板有一次责罚自己，并且声明自己对这件事情一直牢记在心，越说越委屈。最后他说："你知道吗？我们老板就是这样对待我的，扣了我半个月的工资，那个月我都不知道是怎么过来的。说真的，这件事情，我一直记在心里。但是，人在屋檐下，你不得不低头，所以……唉！"

说到这里，他忽然想去洗手间，就让身边的人扶自己一把。结果到洗手间的时候，借着灯光，虽然有些醉意，但是还是能辨别出，扶着自己的人正是自己的老板，心想："这下糟了，一定会被炒鱿鱼的。"于是从洗手间出来后，就拉着自己的老板一个劲儿地叫"老王"。（老工是公司的另一名员工，平时和小张关系不错。）

第二天，小赵怀着忐忑的心情去上班，结果刚到办公室，老板就传唤他。他走进老板的办公室，老板故意提起责罚他的事情，并且对他说："据说，这件事情，你一直记着，是吗？"

小赵说:"那件事啊,您不说我还真忘了。"

老板说:"昨天晚上你可不是这样说的。"

小赵说:"昨天晚上的事儿,我一点儿都不记得了。当时醉得一塌糊涂,我只记得我拉着老王一个劲儿地说话,好像我的印象中就只有这个画面,其他的我都不记得了。"

听到小赵的回答,老板大笑起来:"你小子,还真会装糊涂。"这件事情就这样轻松地处理了。

小赵得以化解自己被开除的危机,一方面在于老板的宽容,另一方面在于他自己的机智,知道自己酒后失言,就赶紧装糊涂,让老板无话可说,因而巧妙地避免了触犯"言有不言"这一规则后可能受到的惩罚。试想,要是小赵不会装糊涂,那可能就会被老板"逮个正着",即使小王再会解释,再道歉,最后也很可能被老板开除。

看来,有的时候学会"装聋作哑""装疯卖傻"是摆脱困境的好办法。那么,我们在与人交流的过程中,如何使用装糊涂的技巧呢?

1. 装糊涂的幽默效果

下面有个小故事,我们不难看出谈话带来的"糊涂"效果。

有一个姑娘眼看就要变成剩女,于是埋怨起来。

朋友问她:"那你想找一个什么样的男朋友呢?"

她说:"有车,还要帅。"

朋友说:"原来你喜欢象棋。"

她又改口说:"要有钱,还要有房。"

朋友说:"哦,那不是银行吗?"

她连忙说:"我要有责任心又有正义感的。"

朋友说:"这还不简单,不就是奥特曼吗?"

她这下急了:"不对不对,我要有车还要帅的,有钱还有房的,有责任心还有正义感的。"

朋友恍然大悟："原来是在银行里面下象棋的奥特曼。"

上面故事中的这位朋友从头到尾都在装糊涂。可是，制造出了令人捧腹的效果，又不是大是大非的原则性问题，装装糊涂又何妨。

2. 装糊涂应对诡辩

在很多情况下，巧舌如簧的人，总让人难堪至极，明知对方是谬论，却不知道该如何反击。那么，我们不如装装糊涂，以谬制谬。

楚庄王钟爱一匹马，这匹马穿的是华丽锦缎，住的是华丽房屋，睡的是床铺，吃的是切好的干枣。后来这匹马死了，楚庄王决定用棺椁装殓它，以大夫的礼仪来给它风光大葬。大臣们议论纷纷，都认为楚庄王的做法很不妥。楚庄王不听众人的劝解，并下令说谁敢再为葬马的事情劝说他，就要被杀头，群臣都不敢再劝了。

这时，楚国的乐官优孟大哭着走了进来。楚庄王奇怪地问他为什么哭，优孟回答说："这匹马是大王最喜欢的，就凭楚国这样大的国家，有什么事情办不到？大王却只用大夫的礼仪来安葬宝马，太不够档次了，大王应该改用人君的礼仪来葬马。"楚庄王问："怎么样用人君的礼仪葬马呢？"优孟说："臣请求大王用雕饰过的玉做棺材，派甲士挖穴，让老人和孩子背土，齐、赵两国的陪侍在前面，韩、魏两国的护卫在后面，庙堂祭祀用太牢为祭品，并封给万户大的地方作为它的奉邑。"

听到这里，楚庄王已经判定这样的方式太过分了。优孟见时机已经成熟，便下结论说："诸侯听到了这件事，都知道大王您轻视人而重视马。"楚庄王一听，马上说："寡人的过错竟到了这种地步吗？太不可思议了，我该怎么办呢？"优孟笑着说："请大王将这匹马当作一匹普通的牲畜来埋葬吧，在地上挖个土灶，用铜铸的大鼎作为棺材，赏赐给它姜枣，再用木兰树的皮铺在棺材里，用粳米做祭品，用大火炖煮，将它埋葬在人的肠胃里。"楚庄王觉得优孟说的话在理，于是叫人把马交给了宫里主管膳食的官员。

楚庄王要给马办丧事，这本来就是很荒唐的，而将马的葬礼办得跟大夫的葬礼一样简直就是胡闹。但在楚庄王自己看来却不觉得这有什么过错，因为他太爱那匹马了。面对楚庄王如此的决定，大臣们如何反驳呢？这时，优孟先不指出楚庄王的错误，而是顺着他的想法，推理出一系列结论，从而让楚庄王意识到自己的想法是荒谬的，而优孟则达到了"以谬制谬"的目的。

3. 装糊涂调节气氛

在某地电视台选拔主持人的大赛上，其中一位评委对选手说："我们在为电视台选拔主持人，就要承担起选好主持人的责任。基于这个立论，选拔男主持人时，选手要形象好、个头高。"

让人想不到的是，进行第三场初赛时，高个儿选手多半被淘汰，这些选手虽然身体达标，但其他方面出现明显的短缺，无法胜任主持人的岗位。面对如此状态，另一位评委点评道："今天的高个儿选手几乎全军覆灭，可能与电视台的配置有关。例如，主持台、桌子、椅子，缺少大号的。所以，才出现今天他们被淘汰的情况。"一句话把在场的所有选手、评委、观众都逗乐了。虽然连三岁的小孩都知道这是最不可能的一个原因，可是装装糊涂又何妨，大家乐了，气氛活跃了就行。

可见，在与人交流的过程中，适时地装装糊涂，有时候可以化解尴尬，给自己找个台阶下；有时候能巧妙达成幽默，给予讽刺或反击；有时候能迷惑对手，令自己抢得先机。总之，懂得装糊涂的人才是真正的智者。